CELIBATO

Dados Internacionais de Catalogação na Publicação (CIP)
(Câmara Brasileira do Livro, SP, Brasil)

Wolf, Hubert
  Celibato : história, teologia e costumes / Hubert Wolf ;
tradução de Paulo Ferreira Valério. – Petrópolis, RJ : Vozes,
2023.

  Título original: Zölibat – 16 Thesen
  Bibliografia.
  ISBN 978-65-5713-815-1

  1. Celibato – Igreja Católica 2. Sacerdócio 3. Tradição
apostólica I. Título.

23-146712   CDD-253.252

Índices para catálogo sistemático:
1. Celibato sacerdotal : Igreja Católica :
   Teologia : Cristianismo   253.252

Tábata Alves da Silva – Bibliotecária – CRB-8/9253-0

Hubert Wolf

CELIBATO

História, teologia e costumes

Tradução de Paulo Ferreira Valério

EDITORA VOZES

Petrópolis

© 2019, Verlag C.H. Beck oHG, München.

Tradução realizada a partir do original em alemão intitulado
Zölibat

Direitos de publicação em língua portuguesa – Brasil:
2023, Editora Vozes Ltda.
Rua Frei Luís, 100
25689-900 Petrópolis, RJ
www.vozes.com.br
Brasil

Todos os direitos reservados. Nenhuma parte desta obra
poderá ser reproduzida ou transmitida por qualquer forma e/ou
quaisquer meios (eletrônico ou mecânico, incluindo fotocópia e
gravação) ou arquivada em qualquer sistema ou banco de dados
sem permissão escrita da editora.

CONSELHO EDITORIAL

Diretor
Volney J. Berkenbrock

Editores
Aline dos Santos Carneiro
Edrian Josué Pasini
Marilac Loraine Oleniki
Welder Lancieri Marchini

Conselheiros
Elói Dionísio Piva
Francisco Morás
Gilberto Gonçalves Garcia
Ludovico Garmus
Teobaldo Heidemann

Secretário executivo
Leonardo A.R.T. dos Santos

Editoração: Maria da Conceição B. de Sousa
Diagramação: Raquel Nascimento
Revisão gráfica: Alessandra Karl
Capa: Érico Lebedenco

ISBN 978-65-5713-815-1 (Brasil)
ISBN 978-3-406-74185-2 (Alemanha)

Este livro foi composto e impresso pela Editora Vozes Ltda.

Sumário

1 Caiu o tabu, 9
Carência de padres e acusações de abusos forçam o
Vaticano a falar sobre o celibato.

2 A sogra de Pedro, 22
O celibato não pode ser biblicamente fundamento, pois
no Novo Testamento há, naturalmente, bispos, sacerdotes
e diáconos casados.

3 O celibato nem sempre foi o mesmo, 38
Em diversas épocas, sob este nome não só se
compreendeu algo completamente diferente, mas também
as prescrições tiveram de ser reiteradamente renovadas,
modificadas e impostas contra grandes resistências.

4 Origens pré-cristãs, 55
A concepção da pureza cultual do sacerdote provém das
antiguidades judaica e pagã, e já não é atual.

5 Jesus não era estoico, 68
O ideal do sacerdote asceta remonta a antigas concepções
de uma vida filosófica e não corresponde ao modelo de
Jesus.

6 Raízes econômicas, 81
Na Idade Média e no começo da Modernidade, o
celibato garantia que os clérigos não pudessem deixar

como herança para seus filhos os bens da Igreja sob seu controle.

7 Assumir posição na controvérsia religiosa, 91
Na Idade Média confessional, o celibato serviu para distinguir dos protestantes.

8 Os padres também têm direitos humanos, 106
A crítica ao celibato como atentado contra a natureza radicalizou os aprovadores do celibato desde o Iluminismo.

9 Salto para outras esferas, 123
Visto que já não podia aventar outras fundamentações, Paulo VI enalteceu espiritualmente o celibato.

10 É possível também sem o celibato, 133
Nas Igrejas orientais católicas, obviamente, há padres católicos casados.

11 Exceções cada vez mais numerosas, 147
Párocos evangélicos e anglicanos casados, convertidos ao catolicismo, receberam, com a dispensa papal, a ordenação sacerdotal.

12 Novidades a respeito da sexualidade, 160
Desde o Concílio Vaticano II, o matrimônio é visto como reflexo da aliança entre Cristo e sua Igreja, e não pode ser um obstáculo ao ministério sacerdotal.

13 Não é dogma, 169
A doutrina da Igreja Católica permite a qualquer tempo a supressão do celibato.

14 Promessa perigosa, 181
O celibato obrigatório é um fator de risco no que diz respeito ao abuso sexual por parte de padres.

15 Ponderação, 203
Colocada diante da opção de ou sanar a carência de sacerdotes ou preservar o celibato, a Igreja precisa se

decidir pelo interesse da Eucaristia, essencial para a salvação, contra o interesse do celibato, não necessário à salvação.

16 O antigo sistema chega ao fim, 214
A abolição do celibato como instrumento de manutenção do poder deve ser parte de uma reforma fundamental do sistema clerical hierárquico.

Bibliografia, 226

Índice onomástico, 243

1
Caiu o tabu

Carência de padres e acusações de abusos forçam o Vaticano a falar sobre o celibato.

Roma, 04/04/2014. O bispo da diocese brasileira do Xingu, Erwin Kräutler, foi recebido pelo Papa Francisco para uma audiência privada[1]. Os dois homens beijaram-se mutuamente a mão e o anel, como é usual em uma saudação na América Latina. A atmosfera é extremamente descontraída, e o bispo relata ao papa a respeito da situação das populações indígenas na região amazônica: 90% das comunidades de sua diocese não podem celebrar regularmente a Eucaristia aos domingos, 70% até mesmo somente três vezes por ano, porque praticamente não há padres. Em seguida, Kräutler conta

---

1. Kräutler chega a falar da audiência em diversos lugares de seu livro. Cf. KRÄUTLER. *Mut*, passim. Toda a região da Amazônia é do tamanho da Austrália e estende-se por nove países sul-americanos, em que a área maior pertence ao Brasil. De 1981 a 2015, Kräutler foi bispo e prelado da Prelazia Territorial do Xingu que, çom 368.086km², representa a maior região eclesiástica do mundo. À guisa de comparação: a Alemanha tem 357.580km² de extensão [Disponível em http://www.domerwin.com/praelatur.html – Acesso em 05/02/2019].

a Francisco da inauguração de uma capela em uma paróquia distante para a qual ele, como bispo, propositadamente viajara. Quando a porta da pequena igreja foi aberta, Kräutler ficou chocado, pois faltava o altar. Imediatamente ele chamou a atenção para o fato de que a celebração da Eucaristia, no entanto, é o centro da fé e da vida da comunidade católica, ao que a líder da comunidade lhe respondeu que isto também estava claro para ela. "Contudo, acontece que temos a celebração da Eucaristia apenas duas ou três vezes durante o ano [...] portanto, não precisamos de nenhum altar"[2]. Para as poucas vezes, podia-se trazer uma mesa.

Bispo e papa são concordes em que "existe algo divergente"; na região amazônica chega-se a um retraimento fatal da Eucaristia"[3]. Trinta e um padres não podem tomar conta de oitocentas comunidades em uma região maior do que a República Federal da Alemanha. Francisco e o bispo debatem possibilidades de solução. Kräutler recorda a proposta do bispo sul-africano Fritz Lobinger, de futuramente deixar que comunidades sem padres sejam conduzidas coletivamente por Teams of Elders, uma espécie de Conselho de Anciãos, e que esses homens e mulheres "sejam ordenados posteriormente, a fim de que possam também celebrar a Eucaristia com suas comunidades"[4]. O tema dos *Viri probati* – portanto,

---

2. Ibid., p. 114.
3. Ibid., p. 115.
4. Ibid., p. 90s.

homens casados, comprovados no matrimônio e na profissão, os quais devem ser ordenados sacerdotes – vem à baila. A audiência termina com a já famosa frase do papa de que as conferências episcopais deviam-lhe fazer-lhe propostas "corajosas"[5]. Uma audiência privada nesta atmosfera e com uma conversa assim franca sobre os temas da escassez de padres, celibato e ordenação de homens e mulheres casados dificilmente teria sido possível sob os predecessores do Papa Francisco. O celibato era considerado como "pedra preciosa" na coroa da Igreja, e que fundamentalmente não deveria ser questionado[6]. Bons católicos não falam a esse respeito. E no diálogo entre os pastores e o pastor supremo simplesmente não era um assunto. Quem ousasse nem que fosse apenas falar sobre a obrigatoriedade do celibato para padres, rapidamente lhe era negada a ortodoxia. Tratava-se de um tema para teólogos críticos[7], para a "Igreja de baixo"[8], para padres "apóstatas", que haviam renunciado a seu ministério por causa de uma mulher[9], para

---

5. Ibid., p. 91.

6. PAULO VI. *Encíclica* Sacerdotalis Caelibatus, de 24/06/1967, n. 1.

7. Cf., a título de exemplo, DREWERMANN. *Kleriker.* • RANKE; HEINEMANN, *Eunuchen...*, p. 105-124 (cap. VII: O desenvolvimento do celibato).

8. Cf., p. ex., WIR SIND KIRCHE (ed.). *Zölibat – so nicht! Gottes amputierte Liebe.* Viena, 2002.

9. Cf., p. ex., DENZLER, G. (ed.). *Lebensberichte verheirateter Priester – Autobiographische Zeugnisse zum Konflikt zwischen Ehe und Zölibat.* Munique/Zurique, 1989. • DENZLER, G. *Mein 44 – Jahr rund um das Zölibatsgesetz; Persönliche Bilanz eines Kirchenhistorikers* (Com bibliografia completa). Berlim, 2014 [Theologie biographisch, 1]. • LEIST, F. *Zum Thema Zölibat – Bekenntnisse von Betroffenen.* Munique, 1973. • RICE. *Kirche*, p. 283-309. • *Vereinigung katho-*

esposas de padres[10], para filhos de padres[11] e, não por último, para romances e filmes[12].

Inspeções íntimas na vida sexual dos anjos com colarinho clerical e batina são uma garantia de manchetes, não somente nos tabloides. Filmes e séries sobre padres que devem decidir-se entre o amor por uma mulher e o amor a Deus tornam-se sucesso de bilheteria. A Igreja Católica gostaria de silenciar o problema, mas o fato é que muitos milhares de padres mundo afora deixaram seu ministério devido ao celibato forçado. Ao mesmo tempo, somente uns poucos assumiram um desonroso processo de laicização. Somente mediante tal processo, aberto no âmbito da diocese, julgado pela romana Congregação para o Culto Divino e Disciplina dos Sacramentos, que apresenta,

---

lischer Priester und ihrer Frauen e. V., Lebenswege – Hoffnungswege. Berlim, 2004.

10. Cf., p. ex., BACHL, S. *"Ich liebte einen Priester" – Eine wahre Geschichte.* Friburgo i. Br./Basel/Viena, 1995. • DESFONDS, O. *Rivalinnen Gottes – Priesterfrauen schweigen nicht länger.* Salzburgo, 1997. • GOLDMANN-POSCH, U. *Unheilige Ehen – Gespräche mit Priesterfrauen.* Munique, 1985. • KIRCHMANN, M. *Wer es fassen kann, der fasse es – Ich war die Frau im Leben eines Priesters.* Frankfurt a. M., 2004. • FRIEDLI, G.L. *Oh, Gott! Kreuzweg Zölibat.* Gockhausen, 2014. • MELIDI, E. *Die Berufung – Von der heimlichen Liebe zu einem Priester.* Hanau, 2011. • WELTEN, A. *Diagnose: Zölibat. Bericht einer Betroffenen.* Frankfurt a. M., 1991.

11. Cf., p. ex., BRUHNS, A.; WENSIERSKI, P. *Gottes heimliche Kinder* – Töchter und Söhne von Priestern erzählen ihr Schicksal. Munique, 2006. • FLUBACHER, E. *Das gebrochene Gelübde – Mein Grossvater, der Priester,* Gock-hausen, 2008. • JÄCKEL, K. *Sag keinem, wer dein Vater ist! – Das Schicksal von Priesterkindern...* Recklinghausen, 1992. • JÄCKEL, K.; FORSTER, T. *...weil mein Vater Priester ist – Thomas wusste nicht, wer sein Vater ist: Jetzt erfährt er die Wahrheit.* Bergisch Gladbach, 2002.

12. Cf., p. ex., ZOLA, E. *Die Sünde des Abbe Mouret.* Paris, 1875. • McCULLOUGH, C. *Dornenvögel.* Munique, 2008.

por fim, sua recomendação ao papa para a decisão oficial, pode ser confirmada a nulidade da ordenação e um padre pode retornar ao estado leigo[13]. Somente depois disso o padre laicizado está em condições de engajar-se em um matrimônio eclesialmente válido.

Desse modo, calcula-se que desde os anos de 1960, mundo afora, cerca de 20% dos padres renunciaram a seu ministério por causa do celibato. Somente na Alemanha, por conseguinte, se partirmos de um total de quase 14 mil padres, seriam muitos milhares os afetados. Significativamente, não existem números oficiais[14]. Há décadas o número de novos

---

13. Originalmente, a Congregação para a Doutrina da Fé era responsável pela laicização. Cf. Carta sobre a redução ao estado laical, de 13/01/1971. • Declaração sobre a interpretação de algumas disposições relativas à redução ao estado laical, de 26/06/1972. In: CONGREGAÇÃO PARA A DOUTRINA DA FÉ. *Documentos*, p. 49-52, 70-72. Quanto à situação atual, cf. ALTHAUS, R. Die Laisierung von Priestern – Ein Akt der Gnade oder der Gerechtigkeit? *Dem processibus matrimonialibus*, 8, 2001, p. 215-241. • ALTHAUS, R. Die Feststellung der Nichtigkeit der Erteilung einer heiligen Weihe vor dem Hintergrund der Neuordnung des Verwaltungsverfahrens vom 16. Oktober 2011. *De processibus matrimonialibus*, 11, 2004, p. 23-43. • HAERING, S. Verlust des klerikalen Standes – Neue Rechtsentwicklungen durch päpstliche Sondervollmachten der Kongregation für den Klerus. *Archiv für katholisches Kirchenrecht*, 178, 2009, p. 369-395. • PRIMETSHOFER, B. Laisierung. *Lexikon für Theologie und Kirche*, 6, 1997, col. 609-611.

14. De acordo com estimativas da Associação de Padres Católicos e suas Esposas, até 1990, somente na República Federativa da Alemanha, cerca de 4 mil padres deixaram o ministério por causa do celibato, ao que se acrescentam as cifras não oficiais dos concubinatos. No mundo, totalizavam cerca de 80 mil padres casados. Cf. GAMPERT, C. Gleichgewicht des Schreckens. *Tageszeitung*, de 26/05/1990 [Disponível em https://www.taz.de/!1766713/]. Para 2010, a Associação projetou números semelhantes: "O percentual dos suspensos, também na Alemanha, será de cerca de 20%". Quanto ao número das laicizações, não há praticamente indicações. Desde 1997, teriam sido apenas 107. Cf. BÖS, N. Das Leben nach dem Zölibat. *Frankfurter Allgemeine Zeitung*, 10/03/2010 [Disponível em https://www.faz.net/aktuell/

padres vem diminuindo, os seminários desaparecem literalmente, algumas dioceses, durante vários anos seguidos, não tiveram uma única ordenação sacerdotal. Estudantes de teologia, frequentemente, davam o celibato como justificativa para não entrarem no seminário[15]. Entrementes, a situação pastoral piorou drasticamente, a ponto de número cada vez maior de paróquias não terem pároco próprio. Os poucos curas d'almas restantes sentem-se sempre mais como "grandes empresários pastorais, dispensadores de sacramentos ambulantes e conservadores do celibato"[16]. Em vez de refletir sobre as condições de admissão ao ministério, os bispos buscam sua salvação em unidades pastorais cada vez maiores, em espaços pastorais e em agrupamentos católicos – ou em padres oriundos da Índia, da Polônia e da África, vindos de um ambiente cultural completamente diferente, e que raramente têm domínio suficiente da língua alemã.

No Concílio Vaticano II, que se reuniu de 1962 até 1965, a situação era completamente diferente[17]. Na época, pelo menos durante as discussões privadas na comissão competente, os bispos tinham discutido amplamente sobre a combinação entre celibato e

---

beruf-chance/beruf/zweite-karriere-fuer-priester-daslebenach-demzoelibat-1576036.html – Acesso em 27/01/2019].

15. Cf. p. ex., GÖRLACH, A. Hauptsache, die Fassade steht. *Die Zeit*, 05/10/2018 [Disponível em https://www.zeit.de /2018/41/ homosexualitaet-priestertum-moral-verdraengung-kirche – Acesso em 19/02/2019].

16. HANISCH, E. Der Priester als Mann..., p. 219.

17. A respeito do Concílio Vaticano II, cf. os cinco volumes de ALBERIG; WITTSTADT (eds.). *Geschichte*. Cf. tb. vários artigos em WASSILOWSKY (ed.). *Vatikanum*.

ministério sacerdotal, e considerado um tratamento mais flexível da lei do celibato. Contudo, quando, em seguida, eles quiseram colocar o tema do celibato no plenário do próprio Concílio, o Papa Paulo VI interveio e deixou claro que ele considerava inoportuno falar publicamente a respeito deste assunto[18]. Com este documento, o papa retirou dos bispos reunidos no Concílio a decisão sobre o tema e reservou-o para si. Um ano e meio depois do fim do Concílio, o Papa Paulo VI, no exercício de seu magistério ordinário, declarou sucintamente: "Julgamos, portanto, que a lei vigente do celibato consagrado deve, ainda hoje, acompanhar firmemente o ministério eclesiástico"[19].

Os bispos alemães deviam manter-se em grande medida neste rumo. A este respeito, foi significativa a postura deles no Sínodo de Würzburg, realizado de 1971 até 1975, para a implementação das decisões do Concílio Vaticano II como "Sínodo Geral das Dioceses da República Federativa da Alemanha". Depois das violentas discussões durante o Congresso Católico de Essen, de 1968, entre leigos católicos e bispos alemães a respeito das reformas urgentemente necessárias, especialmente em relação à admissão da pílula para a regulamentação da concepção, bem como da supressão do preceito do celibato, durante o

---

18. Cf. CONCÍLIO VATICANO II. *Decreto* Presbyterorum Ordinis, de 07/12/1965, p. 216s. (comentário).

19. PAULO VI. *Encíclica* Sacerdotalis Caelibatus, de 24/06/1967, n. 14. Quanto ao magistério ordinário, cf. WOLF. *Erfindung*, p. 236-259.

Sínodo de Würzburg os bispos quiseram novamente ter tudo sob controle[20].

Quando o sínodo preparava uma resolução sobre o serviço pastoral na comunidade, chegou-se a uma intransponível dissensão entre a maioria do sínodo e os bispos alemães. Os leigos argumentavam que a Igreja Católica na Alemanha se encontrava em uma situação de penúria pastoral porque haveria demasiado poucos padres, e muitos clérigos teriam "problemas humanos" com o celibato. Eles exigiam, portanto, a ordenação de *Viri probati*. Em seguida, a Conferência Episcopal Alemã condicionou a permissão de poder continuar a discutir a resolução tencionada, em geral, à exclusão "da questão da admissão de homens casados ao sacerdócio"[21]. Por essa razão, no próprio texto conclusivo, o sínodo teve de esclarecer que, em razão da instrução dos bispos alemães de 13/04/1972, "não lhe era permitido tomar nenhuma decisão quanto a esta questão". Consequentemente, ali se falou, de maneira absolutamente geral, de uma verificação de novos meios de acesso ao sacerdócio e se formulou: "No geral, portanto, reconhece-se que extraordinárias situações de emergência pastoral podem exigir a ordenação de homens comprovados no matrimônio e na profissão"[22].

---

20. Cf. ARNING; WOLF. *Katholikentage...*, p. 188s. • VOGES. *Konzil...*.

21. KASPER, W. Einleitung: Die pastoralen Dienste in der Gemeinde. *Synode*, p. 581-596; aqui, p. 591.

22. Resolução sobre O serviço pastoral na comunidade. *Synode...*, p. 597-636; aqui, p. 628.

E assim, os bispos alemães conseguiram eficazmente atar também nos leigos a mordaça que Paulo VI lhes ordenara. Até mesmo nas grandes autoapresentações do catolicismo leigo alemão, os Congressos Católicos, dificilmente o tema aparecia depois do Sínodo de Würzburg. Se, no geral, alguma vez foi ventilado, foi nos "Congressos Católicos de baixo"[23].

O celibato, porém, não era tema somente na Alemanha. Em quase todos os sínodos nacionais após o Concílio Vaticano II, exigiu-se a ordenação de homens casados ao sacerdócio, da América Latina, passando pela Suíça e Áustria, até os Países Baixos[24]. Diferentemente da Alemanha, os bispos holandeses ao redor do Cardeal Bernard Jan Alfrink manifestaram-se a favor de "admitir homens casados ao ministério sacerdotal, e de serem inseridos novamente em seu ministério sacerdotes que se demitiram por causa do matrimônio"[25]. Roma reagiu veementemente, chamou de volta os bispos holandeses, mudou aos poucos todo o episcopado do país e substituiu-o por defensores do celibato. No final, a estratégia romana deu certo.

Afinal, nas décadas subsequentes, a esmagadora maioria dos bispos ateve-se à linha indicada pela cúria romana, como o atesta um grande número de cartas

---

23. Cf. ARNING; WOLF, *Katholikentage...*, passim. Cf. tb. as referências nos diversos artigos em SEIDLER; STEINER (eds.). *Kirche...*

24. Cf. artigos em SCHMIEDL (ed.). *Nationalsynoden...* Cf. tb. a visão geral sobre os vários agrupamentos que se engajam por reformas na Igreja em todo o mundo em PREGLAU-HÄMMERLE. *Katholische Reformbewegungen...*

25. SCHMIEDL (ed.). *Nationalsynoden...*, p. 17.

pastorais, comunicações e entrevistas[26]. Quanto a isso, receberam apoio principalmente de João Paulo II, que reiteradamente enfatizou que a Igreja conservaria "o tesouro" do celibato, e rechaçava todas as objeções contra o celibato dos padres simplesmente com o argumento de que elas "seriam estranhas ao evangelho, à tradição e ao magistério da Igreja"[27]. Havia apenas exceções isoladas como, por exemplo, o bispo de Rotemburgo Georg Moser, que admitiu um parecer do sínodo de sua diocese dos anos 1985/1886, no qual se solicitou à Conferência Episcopal Alemã reconsiderar "a questão da ordenação sacerdotal de homens casados e provados na profissão, e tomar as medidas necessárias"[28]. Não se conhece uma resposta à solicitação.

Durante cinquenta anos, o tema da supressão da lei do celibato e dos acessos alternativos ao sacerdócio, pelo menos para os chefes da Igreja Católica, permaneceu um tabu. Ora, quando, porém, se olham apenas algumas declarações de hierarcas católicos em out./2018, escolhidas casualmente, tem-se a impressão de se estar no filme errado: o Cardeal-secretário de Estado Pietro Parolin, o segundo homem no Vaticano, deixou claro em uma entrevista de 02/10/2018, que "o celibato dos padres [...] poderia provavelmente ser questionado".

---

26. Cf. inúmeras fontes em HOHMANN. *Der Zölibat...*, p. 314-413.

27. Carta do Sumo Pontífice João Paulo II *Novo incipiente*, a todos os sacerdotes da Igreja por ocasião da Quinta-feira Santa, 08/04/1979, n. 8.

28. ORDINARIATO EPISCOPAL DE RORRENBURGO (ed.). *Beschlüsse der Diözesansynode*. Rottenburg/Stuttgart, 1985/1986. • *Weitergabe des Glaubens an die kommende Generation*. Ostfildern, 1986, p. 188s.

Parolin enfatizou que a doutrina da Igreja não seria monolítica, mas um "organismo vivo, que cresce e se desenvolve". Já em 2013, ele reforçara que o celibato dos padres não é "nenhum dogma", mas representa uma "tradição da Igreja"; por isso, uma discussão sobre o assunto seria perfeitamente possível[29]. O presidente da Conferência Episcopal Alemã, Cardeal Reinhard Marx, no dia 05/10/2018, em Roma, durante a abertura do programa de mestrado Safeguarding of Minors [salvaguarda de menores], incentivou um debate aberto sobre o celibato. O arcebispo de Munique e Frisinga apontou o escândalo dos abusos como motivo para que a Igreja, em uma discussão honesta, deva colocar-se muitas questões, dentre as quais "Abuso de poder e clericalismo, sexualidade e moral sexual, celibato e formação dos sacerdotes"[30]. O arcebispo de Bamberg,

---

29. De uma entrevista exclusiva de Parolin a *America Oggi*de 29/09/2018. A respeito disso, *Il Fatto Quotidiano* fez uma comunicação no dia 02/10/2018 [Disponível em https://www.ilfattoquotidiano. it/2018/10/02/preti-sposati-lapertura-del-cardinaleparolin-occorre-interrogarsi-sul-celibato-magistero-non-e-monolite-immutabile/4661541]; daí surgiu novamente uma comunicação no *VaticanNews* [Disponível em https://www.vaticannews.va/de/vatikan/news/2018-10/parolin-zoelibatsynode2019-amazonas-priester.html]. As primeiras declarações provêm de uma entrevista que Roberto Giusti fez a *Parolin* em 08/09/2013 [Disponível em https://evangelizadorasdelosapostoles.wordpress.com/2013/09/08/pietroparolin-la-renovacion-implica-una-vuelta-al-cristianismo-primitivo/]. Em seguida, o relatório alemão recorreu a ambas as fontes [Disponível em https://www.katholisch.de/aktuelles/aktuelle-artikel/der-zolibat-im-fokus – Acesso em 28/01/2019].

30. MARX, R.K. Declaração à imprensa "Precisamos agir", durante a abertura do programa de mestrado Safeguarding of Minors, na Pontifícia Universidade Gregoriana, em 05/10/2018 [Disponível em https://www.erzbistum-muenchen.de/news/bistum/Wir-muessen-handeln-33310.news]. Relatório [Disponível em https://www.vaticannews.va/de/vatikan/news/2018-10/gregoriana-missbrauch-kinderschutz-master.html – Acesso em 29/01/2019].

Ludwig Schick, em 08/10/2018, trouxe à baila a possibilidade de uma dispensa do celibato; desse modo, homens comprovados estariam livres do impedimento do matrimônio à ordenação[31]. E até mesmo o núncio apostólico na Alemanha, Arcebispo Nikola Eterović, esclareceu em uma entrevista ao jornal *Herder Korrespondenz*: "O celibato não é nenhum tabu". Na verdade, pessoalmente ele seria contra a abolição do preceito do celibato, mas "não haveria nenhuma solução ideal para esta questão. Devemos simplesmente discutir a respeito do que é o melhor para a Igreja"[32].

No que tange às razões por que agora se deve discutir o tema de uma vez por todas, identifiquemos principalmente três motivos a partir das declarações de cardeais e bispos: reavaliação do escândalo dos abusos, remediação da desenfreada carência de padres e a mitigação de uma crise sistêmica e estrutural da Igreja Católica.

Pelo menos os bispos latino-americanos da região amazônica aceitaram o desafio de Papa Francisco quanto a propostas corajosas. Em Roma, no sínodo dos bispos com o título *Amazônia – Novos caminhos para a Igreja e para uma ecologia integral*, em outono de 2019, também foi tratada da carência catastrófica de padres no Norte do Brasil. Os bispos devem propor pelo menos

---

31. Cf. WÖLFEL, C. Entrevista com Ludwig Schick, em 08/10/2018 [Disponível em https://www.katholisch.de/aktuelles/aktuelle-artikel/der-dispens-vom-zolibat-ware-eine-moglichkeit – Acesso em 29/01/2019].

32. WIEGELMANN, L. O celibato não é nenhum tabu – Diálogo com o arcebispo Nikola Eterović, núncio apostólico em Berlim. *Herder Korrespondenz*, 11, 2018, p. 17-20; aqui, p. 18s.

a admissão de homens casados ao sacerdócio. Também consta se se deve discutir também a admissão de mulheres aos ministérios eclesiais[33].

O tabu caiu. Na Igreja Católica, deve-se discutir novamente, de modo franco e sem preconceito, o celibato dos padres e também a abolição do preceito do celibato – e, na verdade, em toda a Igreja, a começar pelo papa, passando por cardeais, teólogas e teólogos até os fiéis. Neste sentido, as teses que se seguem devem ser compreendidas a partir da perspectiva histórico-eclesial como contribuição para a preconizada discussão honesta, no sentido da práxis argumentativa "platônico-aristotélica e escolástica", segundo a qual "se designa uma opinião como 'tese' somente quando defendida por alguém que está disposto a sustentá-la racionalmente"[34].

---

33. "No documento preparatório é dada atenção especial ao papel da mulher e de sua modelação nas mudanças sociais, econômicas, religiosas e políticas. Em razão do 'papel central' dela na vida da Igreja, o sínodo deveria se ocupar da questão de 'qual tipo de ministério oficial pode ser assinalado à mulher'. É preciso também 'novos caminhos para que o povo de Deus possa ter um acesso melhor e mais frequente à Eucaristia'. Além disso, solicitam-se expressamente dos bispos propostas a respeito de quais 'serviços e ministérios com perfil amazônico' deveriam ser criados." Cf. GALGANO, M. *Vorbereitungspapier für Amazonassynode: Natur, Glaube und Kirche* [Disponível em https://www.vaticannews.va/de/vatikan/news/2018-06/amazonien-dokument-vorbereitung-synode.html – Acesso em 19/02/2019].

34. MANN, W.R. These. *Historisches Wörterbuch der Philosophie*, 10, 1998, col. 1.175-1.177; aqui, col. 1.177.

2
A sogra de Pedro

O celibato não pode ser biblicamente fundamento, pois
no Novo Testamento há, naturalmente, bispos,
sacerdotes e diáconos casados.

Nos anos de 1878 até 1880, houve uma áspera controvérsia entre o orientalista de Innsbruck, Gustav Bickell, e o historiador da Igreja Franz Xaver Funk, de Tubinga. O tema dessa refrega científica está claro a partir dos títulos dos artigos da época: Gustav Bickell, *Celibato: uma determinação apostólica* (1878) – Franz Xaver Funk, *O celibato não é determinação apostólica* (1879) – Gustav Bickell, *No entanto, o celibato é determinação apostólica* (1879) – Franz Xaver Funk, *O celibato está longe de ser determinação apostólica* (1889)[35].

Gustav Bickell tentava provar, com grandes esforços, que a obrigação dos clérigos ao celibato não era nenhuma invenção de papas ou de sínodos do século IV, mas remontava a uma correspondente práxis dos

---

35. Bickell expunha sempre na *Zeitschrift für katholische Theologie*, de Innsbruck. Funk replicava na *Theologischen Quartalschrift*, de Tubinga.

apóstolos e de seus sucessores. Após o chamado feito por Jesus, Pedro, a cuja sogra o Novo Testamento se refere[36], e outros apóstolos teriam deixado mulher e filhos, a fim de poderem dedicar-se inteiramente ao seguimento de Cristo e ao anúncio do evangelho. A este respeito, Bickell apoiava-se no testemunho da Sagrada Escritura e na tradição oral dos apóstolos.

Frank Xaver Funk, depois de minuciosa análise dos testemunhos dos primeiros três séculos que, de modo inteiramente natural, falam de bispos, padres e diáconos casados, chegou à conclusão exatamente oposta: "A autoconfiança com que Bickell declara sua tese como assegurada" está "exatamente em proporção inversa ao esmero de sua argumentação"[37]. O celibato, como determinação legal, não deriva dos apóstolos; ao contrário, apareceu na Igreja ocidental somente no decurso do século IV; quanto à Igreja oriental, não o negligenciou paulatinamente desde a mesma época, mas permaneceu estrita desde a origem"[38]. Para Funk, a argumentação de Bickell partiu de um princípio não admissível para um historiador da Igreja, segundo o qual não pode ser (historicamente) o que não é permitido ser (dogmaticamente).

Os dois estudiosos conduziram sua disputa com tal rispidez, que nem mesmo ultrajes pessoais ficaram de fora. Afinal, tratava-se da pergunta decisiva pela

---

36. Cf. Mc 1,30s.
37. FUNK. *Der Cölibat keine apostolische Anordnung*, p. 209.
38. Ibid., p. 247.

origem do preceito do celibato na Igreja Católica, bem como de sua fundamentação:

Com efeito, se o celibato de fato – assim argumentavam os defensores da "tese da continuidade" – remontava a uma instrução do próprio Jesus Cristo ou à práxis de vida ou à determinação dos apóstolos, então esta forma de vida já havia entre os dirigentes das primeiras comunidades cristãs. O celibato, portanto, seria uma condição indispensável para a assunção de um ministério eclesial e, por conseguinte, imutável.

Se, porém – e assim argumentam os defensores da tese da descontinuidade –, o celibato seria apenas uma prescrição disciplinar que só foi assumida no decurso da história da Igreja, por conseguinte, não pertenceria à natureza do sacerdócio, não seria nenhuma condição necessária para o exercício do ministério eclesial e, desse modo, mudável a qualquer tempo.

À primeira vista, pode causar estranheza o fato de a questão da continuidade e da descontinuidade desempenhar tal papel neste contexto. Isso se deve a que, para a doutrina da Igreja, só existem duas fontes de conhecimento: a Sagrada Escritura e a Tradição Apostólica. A primeira existe por escrito, a segunda foi originalmente transmitida oralmente e, mais tarde, foi registrada em testemunhos escritos. No século XVI, o Concílio de Trento estabeleceu que apenas o que é atestado ininterruptamente na Escritura e na Tradição, o que remonta ao próprio Jesus Cristo e aos apóstolos pode ser uma verdade de fé imutável. Tudo o mais, ao contrário, não faz parte da essência da fé cristã, mas representa um fenômeno condicionado pelo tempo, que surgiu em alguma circunstância e a qualquer momento pode ser mudado ou eliminado[39].

Não há dúvida de que Jesus Cristo celebrou a última ceia com seus discípulos, e que as comunidades cristãs cumpriram regularmente, desde o começo, sua ordem de celebrar esta refeição em sua memória. Escritura e Tradição testemunham isso inequivocamente[40]. Consequentemente, a celebração da Eucaristia é parte indispensável do cristianismo. Contudo, a prescrição de dever permanecer em jejum e de não ter permissão para tomar nenhuma refeição pelo menos seis horas antes da recepção da comunhão, ao contrário, só surgiu durante o período da Idade Média[41]. Durante muitos séculos esteve em vigor tal exigência; no Direito Canônico de 1917, ainda estava prescrita uma rígida abstinência de alimentação para o período entre a meia-noite e a recepção da comunhão. Somente no processo da reforma litúrgica do Concílio Vaticano II é que o preceito do jejum foi efetivamente anulado na medida em que foi reduzido a uma hora antes da recepção da Eucaristia. Isso só foi possível porque não

---

39. Cf. TRIENT, K. Erstes Dekret: Annahme der heiligen Bücher und der Überlieferungen der Apostel vom 8. April 1546. In: WOHLMUTH (ed.). *Dekrete...* vol. 3, p. 663s.

40. Para uma primeira visão panorâmica, cf. os seis artigos sobre a palavra-chave "última ceia". In: *Religion in Geschichte und Gegenwart*, 1, 1998, col. 10-53. Quanto ao tema Escritura e Tradição, ainda continua indispensável GEISELMANN, J.R. *Die Heilige Schrift...*, 1962.

41. Cf. AHLERS, R. Nüchternheit II. Kirchenrechtlich. *Lexikon für Theologie und Kirche*, 7, 1998, col. 943. • OTT. *Grundriss...*, p. 477.

houve nenhuma práxis ininterrompida correspondente de Jesus e dos apóstolos até o século XX.

Portanto, se se lograsse comprovar uma continuidade incessante do celibato desde Jesus ou desde os apóstolos até hoje, então, como determinação apostólica, não seria mudável e tiraria antecipadamente todos os argumentos em favor de uma abolição de sua determinação. Mas: se se pudesse provar o contrário, ou até mesmo demonstrar que o próprio Jesus foi casado, o que atualmente se tenta mais uma vez, então se teria forte argumento para clérigos casados[42]. Em todo caso, segundo a opinião de alguns exegetas, "no judaísmo do período neotestamentário, o celibato era [...] completamente impensável"[43].

Dada a importância da questão, não admira que esta contenda, desde a controvérsia entre Bickell e Funk, jamais tenha sido completamente resolvida[44]. Mais de cem anos depois, ela foi mais uma vez retomada até

---

42. Cf. o blog do biblista americano James Tabor, cuja argumentação parece às vezes bastante estranha. O fato de o Novo Testamento não mencionar a esposa de Jesus é considerado por ele como "parte da norma cultural": "Podemos supor que Jesus, como judeu de seu tempo, era casado; se não fosse o caso, isso teria sido registrado de outra forma" [Disponível em https://jamestabor.com/theres-something- -about-mary-magdalenepart-1/ – Acesso em 07/02/2019].

43. KLEINSCHMIDT. *Ehefragen...*, p. 145.

44. Devem-se indicar aqui principalmente os estudos de Roger Gryson (*Origines*, 1970), que fazem remontar ao celibato, a partir da análise das fontes, aos papas do século V, e também a COCHINI, C. *Origini...* Em 1981, o jesuíta Cochini contestou a tese de Franz Xaver Funk e afirmou que o celibato encontraria sua origem nos apóstolos. A Igreja oriental teria sido aquela que mudou de ideia no Concílio de Trulano II. Assim, o grau de abstinência representaria a única diferença entre Oriente (abstinência antes da missa) e Ocidente (abstinência contínua). Cf. tb. PETRÀ. *Petri...*, p. 37-40.

mesmo explicitamente. Em 1997, o arqueólogo cristão Stefan Heid apresentou sua monografia sobre o celibato na Igreja primitiva, na qual ele indica claramente seu intento: "O presente estudo procura demonstrar que, de fato, na Igreja primitiva havia uma obrigação de completa abstinência sexual para todos os clérigos eminentes. Caso isso se prove correto, então o celibato atual deveria ser visto em continuidade histórica com a disciplina original da continência dos clérigos: sem a obrigação geral da abstinência da Igreja primitiva, não haveria hoje nenhuma obrigação do celibato para os padres latinos"[45]. Portanto, trata-se nada menos do que a prova histórica para a obrigação geral de todos os clérigos à continência sexual desde o início da história da Igreja – como o estudioso da história dos dogmas Hermann Josef Sieben oportunamente constata em sua recensão à obra de Heid: "Quem não quiser desviar especulativamente, de algum modo, esta origem histórica, mas torná-la historicamente plausível, é obrigado também apresentar para isso provas oriundas também do período anterior a meados do século IV"[46].

Teólogos que, como Stefan Heid, querem provar a continuidade histórica do celibato nos primeiros séculos cristãos, frequentemente começam com as determinações legais para a abstinência dos padres que foram exaradas, por exemplo, pelo Sínodo de Elvira, por volta do ano 306, ou pelos papas Sirício e Inocêncio I no final do século IV. Para a legitimação de suas conclu-

---

45. HEID. *Zölibat...*, p. 13.
46. SIEBEN. Recensão a *Zölibat...*, p. 586.

sões, referem-se explicitamente à origem apostólica da prescrição da continência.

Em 10/02/385, o Papa Sirício escreveu ao Bispo Himerio de Tarragona: "Nós, sacerdotes e levitas, somos todos obrigados, mediante a indissolúvel lei destas disposições penais, a desde o dia de nossa ordenação, entregar nossos corações e nossos corpos à continência e à castidade, sempre que em tudo agradarmos a nosso Deus nos sacrifícios que oferecemos diariamente"[47]. Como referência bíblica, o papa apresenta a passagem da Carta aos Efésios, na qual se diz: "Pois Ele quis apresentá-la [a Igreja] a si mesmo toda bela, sem mancha nem ruga ou qualquer reparo, mas santa e sem defeito"[48]. Contudo, é questionável se este versículo deveras se refere à castidade dos padres. Pelo contrário, encontra-se no contexto de uma predisposição familiar esboçada por Paulo, na qual se trata explicitamente do relacionamento sexual entre marido e mulher no casamento. Aqui, entre outras coisas, diz-se: "É assim que os maridos devem amar suas esposas, como amam seu próprio corpo"[49]. Desse modo, a prova escriturística que Sirício apresenta para uma suposta determinação apostólica do celibato mediante Paulo poderia ser inválida[50].

---

47. Sirício a Himerio de Tarragona, em 10/02/385. • ZECHIEL-ECKES. *Dekretale*, p. 99-101.

48. Ef 5,27.

49. Ef 5,28.

50. Na interpretação de Sirício, as concepções veterotestamentárias de pureza ritual a que os sacerdotes que presidiam os sacrifícios deviam corresponder desempenharam um papel maior do que a compreensão paulina da vida conjugal cristã; cf. Lv 21,17 e 22,3, ou 1Sm 21,3-7.

Por esse motivo, os defensores da tese da continuidade também já não continuaram a recorrer a essa passagem. Ao contrário, concentram-se nos perfis ministeriais pertinentes para bispos, padres e diáconos, tal como se encontram nas "cartas pastorais" neotestamentárias, portanto, as cartas a Timóteo e a Tito. Stefan Heid diz que a "chave" para toda a questão do celibato está aqui[51]. O perfil bíblico de qualificação para um bispo encontra-se no terceiro capítulo da Primeira Carta a Timóteo: "É digna de fé esta palavra: se alguém aspirar ao episcopado, está desejando um trabalho valioso. Pois é preciso que o bispo seja irrepreensível, casado uma só vez, sóbrio, ponderado, educado, hospitaleiro, apto para o ensino; que não seja dado ao vinho nem violento; pelo contrário, que seja moderado, pacato, não cobiçoso; que dirija bem a própria casa e saiba manter os filhos na submissão, com toda a dignidade. Com efeito, quem não sabe governar a própria casa, como poderá cuidar da Igreja de Deus?"[52] E a respeito dos presbíteros, diz-se semelhantemente na Carta a Tito que o presbítero deveria ser "honesto", "esposo de uma mulher, tenha filhos crentes que não se possa acusar de devassidão, nem sejam rebeldes"[53].

Na teologia e na práxis litúrgica cristãs, a partir do século IV tais ideias foram fortemente acolhidas e aplicadas à Eucaristia; cf. ARNOLD A. *Die Revolution des geistigen Opfers..*, p. 116s. • BÖRSCH, J. *Kleine Geschichte des christlichen Gottesdienstes...*, p. 63-69.

51. HEID. *Zölibat...*, p. 36.

52. 1Tm 3,1-5. Agradeço ao Prof.-Dr. Martin Ebner pela tradução desta passagem.

53. Tt 1,5-9.

Como se deve entender a formulação bíblica "esposo de uma mulher?" Esta é a pergunta decisiva de todas. Em primeiro lugar, deveria ser surpreendente que na Bíblia esteja preto no branco que um bispo, respectivamente, um padre devesse ser "casado" e "bom pai de família". Dessa forma, à primeira vista, parece que a pergunta foi respondida claramente. Na verdade, do ponto de vista das ciências bíblicas, o tema apresenta-se bem mais complicado. É que aqui se encontram não menos do que quatro interpretações desta passagem que de forma alguma se excluem mutuamente[54].

Primeira interpretação: trata-se de uma proibição da poligamia. Os portadores de ministério eclesial deviam, por conseguinte, distinguir-se da práxis da poligamia presente no entorno pagão, e era-lhes permitido ser casados com uma mulher somente. Segunda interpretação: a instrução deve ser lida como proibição de novo casamento para divorciados. Segundo a tradição dos evangelhos, Jesus proíbe o divórcio; por isso, um novo casamento de um divorciado desqualifica-o para o ministério episcopal. Terceira explicação: o critério deve ser entendido como exigência direta do matrimônio: só pode ser bispo, padre e diácono quem for casado e viver em um matrimônio monogâmico segundo a concepção cristã. No caso, trata-se principalmente de uma separação das comunidades cristãs primitivas em relação às tendências ascéticas e hostis ao mundo,

---

54. Cf. ENGELMANN, M. *Unzertrennliche Drillinge?...*, 2012, p. 244s. • JOACHIM JEREMIAS. *Die Briefe an Timotheus und Titus*, 1981, p. 69. • OBERLINNER, L. *Die Pastoralbriefe...*, 1994, p. 118-120.

típicas dos gnósticos. Estes eram um grupo radical que, em sua mundivisão estritamente dualista, consideravam tudo o que é corporal e material como mau, e apenas o princípio espiritual como bom. Por essa razão, esses ascetas abominavam o matrimônio. Com a prescrição de tornar o matrimônio condição para um ministério eclesial, a Igreja queria confrontar-se fortemente com tal tendência[55].

Quarta, e esta não é somente a interpretação preferida pelos estudos bíblicos neotestamentários, mas também já pela Igreja antiga: bispos, padres e diáconos são, obviamente, casados; precisamente suas experiências como presidentes do governo de sua própria casa é que os capacitam de maneira especial para dirigir uma comunidade cristã. A única restrição a que tais portadores de ministério estão submetidos é a proibição de um novo casamento de viúvos. No decorrer da história da Igreja, tal determinação deveria resultar em proibição geral do casamento para os que já haviam sido ordenados. Aquele que era casado antes da ordenação, podia assim permanecer; caso a mulher viesse a falecer, não lhe era permitido voltar a casar-se. Nesta tradição eclesial colocou-se também o Concílio Vaticano II no caso da reintrodução do diaconato permanente. Por conseguinte, após a morte de suas esposas, diáconos casados estão igualmente excluídos de novo matrimônio[56].

---

55. Cf. HOLTZ, G. *Die Pastoralbriefe*, 1986, p. 76.
56. PAULO VI. *Motu Proprio* Sacrum Diaconatus Ordinem, de 18/06/1967, § III, n. 16. Cf. tb. PLÄGER; WEBER (eds.). *Diakon...* – De modo especial, TRIPPEN. *Erneuerung...*, p. 83-103.

Stefan Heid contradiz todas estas interpretações e apresenta uma interpretação completamente diferente da formulação "esposo de uma mulher". Para isso, recorre à Primeira Carta aos Coríntios, na qual o Apóstolo Paulo interpreta o matrimônio como remédio contra o desejo sexual: "Pessoas que buscam realização sexual devem fazê-lo no matrimônio"[57]. No entanto, da proibição de um segundo casamento para clérigos, ele deriva um "tipo de obrigação a continência duradoura"[58]. Se um candidato à ordenação, após a morte de sua primeira esposa, contrai em um segundo casamento, Heid vê isso como prova de que ele "não poderia viver abstinente". "Por assim dizer, não passou no teste da continência de sua viuvez"[59]. Heid, portanto, simplesmente pressupõe que bispos e clérigos casados, depois de sua ordenação, deveriam viver, em princípio, em continência. No entanto, exatamente para este argumento decisivo, ele não apresenta nenhuma fonte como prova. Por essa razão, deve-se concordar com Hermann Josef Sieben que caracterizou esta parte do estudo como "malograda"[60]. Se bispos,

---

Significativamente, a exigência de Stefan Heid de "continência de diáconos casados" não se encontra em nenhum dos documentos eclesiais pertinentes. Cf. HEID, S. Verheiratete und ehelose Priester. *Forum katholische Theologie*, 28, 2012, p. 116-125; aqui, p. 117.

57. HEID. *Zölibat*..., p. 42, com referência a 1Cor 7,2.

58. Ibid., p. 51.

59. Ibid., p. 43.

60. SIEBEN. Recensão a *Zölibat*..., p. 586. Cf. tb. GRYSON. *Origines*, p. 42: "On ne trouve pas trace, avant le IVe siècle, d'une loi qui obligerait les clercs à garder le célibat ou la continence" [Antes do século IV, não encontramos vestígio de uma lei que obrigaria os clérigos a observar o celibato ou a continência]. A única coisa que se aplica é a proibição de um segundo matrimônio para clérigos (ibid., p. 43).

padres e diáconos, depois de sua ordenação, fossem efetivamente obrigados a viver a continência sexual em seus matrimônios, surge a pergunta: por que as Cartas Pastorais, em seu diferenciado perfil de qualificação para os funcionários eclesiais, não assumiram precisamente este critério? A isso Heid responde que esse perfil de qualificação formularia justamente "critérios de exclusão da ordenação". "Só pode tratar-se do fato de que o candidato casado, após sua ordenação, já não pode viver a continência, o que já se pode concluir antes da ordenação"[61]. Visto que não se pode deduzir das Cartas Pastorais um "celibato sem matrimônio" dos clérigos, resta somente o "celibato da continência"[62].

Isto é, no fundo, nada mais do que um círculo vicioso, pois onde está escrito que padres casados devem viver abstinentes, quando justamente o Sacramento do Matrimônio, como Stefan Heid o demonstrou com referência a Paulo, é o único lugar eclesialmente legítimo da sexualidade vivida? Considerando-se de um ponto de vista inteiramente humano: alguém pode, de fato, acreditar seriamente que a continência no matrimônio depois da ordenação, de um dia para outro, ao longo de anos e decênios é suportada por todos?

Talvez seja útil ampliar a questão da avaliação do matrimônio e da abstinência para todo o Novo Testamento[63]. Em diversos lugares, exprime-se uma

---

61. HEID. *Zölibat...*, p. 45.
62. Ibid., p. 13.
63. Cf. BISCHOF. *Junktim*, p. 58s. • MERZ, A. Ehe II. NT. In: BERLEJUNG, A.; FREVEL, C. (eds.). *Handbuch theologischer Grundbegriffe...*, 2016, p. 142s. • FECHTER, F.; REHMANN, L.S. Ehe.

elevada consideração do não matrimônio "por causa do Reino dos Céus"[64]. O Apóstolo Paulo desejava até mesmo que "todas as pessoas fossem não casadas, como ele próprio"[65]. Tal renúncia ao matrimônio, porém, ficava "na periferia do judaísmo contemporâneo" e estava "exposto ao ceticismo e à crítica dos coevos"[66]. Talvez por essa razão, Paulo enfatiza de um só fôlego que a respeito "da questão do não matrimônio", não havia nenhum mandamento do Senhor[67]. O Novo Testamento, portanto, não conhece nenhuma prescrição que proíba o matrimônio aos funcionários eclesiásticos. Na Primeira Carta aos Coríntios, Paulo narra até mesmo que "os outros apóstolos, os irmãos do Senhor e Cefas" – este é o nome de Pedro no texto grego original – foram acompanhados por "suas esposas crentes" em suas viagens[68]. No decurso da história da tradição da Sagrada Escritura, esta formulação foi reiteradamente modificada. Quando Jerônimo, no século IV, traduziu o texto bíblico grego para o latim, viu-se diante de um problema. Para a palavra grega *gyne*, estavam em questão duas palavras em latim: *mulier* (mulher) e *uxor* (esposa). O Padre da Igreja decidiu-se por *mulier*, mediante o que ele

---

In: CRÜSEMANN, F. et al. (eds.). *Sozialgeschichtliches Wörterbuch zur Bibel*. Gütersloh, 2009, p. 96.

64. Mt 19,12.

65. 1Cor 7,7.

66. KLEINSCHMIDT. *Ehefragen...*, p. 150.

67. 1Cor 7,25.

68. 1Cor 9,5. TRÉMEAU. *Zölibat...*, p. 36 afirma até mesmo que esta teria sido a administradora paroquial de Pedro.

interpretou o texto mais estritamente[69]. A tradução da Bíblia feita por Jerônimo, a Vulgata, durante muito tempo foi considerada pela Igreja Católica como o único texto bíblico autêntico. Ainda hoje, na tradução unificada católica, encontra-se "irmã na fé como esposa", enquanto a bíblia protestante de Lutero muda em "irmã como esposa".

O teólogo e jesuíta italiano Carlo Passaglia, que havia participado diretamente na preparação do dogma da Concepção Virginal de Maria, em 1854, em uma carta publicada anonimamente a respeito da sogra de Pedro, havia escrito: "Está fora de questão que Pedro era casado [...], e do fato de que ele foi escolhido, resulta que nosso Senhor não deu preferência a nenhum dos não casados, vale dizer, não os julgou diferentemente. Então, meu Deus, não é um fato altamente significativo que o único apóstolo, cuja situação conjugal é assegurada pela Sagrada Escritura, seja precisamente são Pedro? Isso não deveria tornar as pessoas mais cautelosas antes de amaldiçoarem o clero casado? Vocês esperam de seus padres, mesmo do baixo clero, uma mortificação do corpo e uma continência, ou seja, uma suposta vida de piedade que àquele a quem vocês veneram como príncipe dos apóstolos e Vigário de Cristo eram inteiramente desconhecidas?"[70]

---

69. Cf. LINDEMANN, A. *Der erste Korintherbrief*, 2001, p. 202. • SCHRAGE, W. *Der erste Brief an die Korinther*, 1995, p. 292.

70. PASSAGLIA, C. *Sul celibato del clero – Lettere di due ecclesiastici ad un uomo di Stato*, 1863, Lettera II, p. 9. "A propósito do celibato. Carta de dois clérigos a um homem de Estado", apareceu em forma de duas cartas sob o pseudônimo "Catholicos" (Lettera I), respectivamente "Eleutero" (Lettera II). A atribuição da autoria pode ser feita

O não matrimônio por causa do Reino dos Céus é, segundo o testemunho da Sagrada Escritura, uma graça especial; o carisma da direção de uma comunidade cristã é outro. No entanto, um não é pré-requisito para o outro. Originalmente, não havia uma combinação entre ministério eclesial e celibato. Quem, a este propósito, recorre ao Novo Testamento, engana-se. "Sacerdotes casados e não casados viviam lado a lado na Igreja primitiva. Ambas as formas de vida foram respeitadas, posto que a tendência fosse mais na direção da continência"[71].

Os debates em torno da origem apostólica do celibato mostram, como sempre, quão controversos são os resultados bíblicos. Repetidamente têm levado a fortes polêmicas de um lado e, de outro, a definições apologéticas. Ambos os lados deveriam precaver-se de critérios apriorísticos ou dogmáticos no tratamento histórico deste tema[72]. Não pode tratar-se de, já desde o começo do trabalho histórico, pressupor como evidente a origem bíblica do preceito do celibato, nem tampouco excluí-la de antemão. Pelo contrário, são questões abertas que devem ser colocadas à história. Enquanto não forem apresentados novos e melhores argumentos históricos, a partir do fundamento da situação atual da

---

por meio de artigos da jornalista inglesa Frances Power Cobbe, que conhecia pessoalmente Passaglia; cf., p. ex., COBBE, F.P. Religion in Italy in 1864. *The Theological Review – A Journal of Religious Thought and Life*. Vol. 1, 1864, p. 198-214; aqui, p. 205s. Para a tradução, agradeço à Dra. Maria Pia Lorenz-Filograno.

71. BOELENS. *Klerikerehe...*, p. 23. Cf. tb. KLEINSCHMIDT. *Ehefragen...*, p. 172. • KÖTTING. *Zölibat...*, p. 5-35.

72. Cf. WOLF. *Kriterium...*, p. 713-732.

pesquisa, tudo depõe em favor de que o celibato, como lei obrigatória para todos os clérigos, não remonta a uma determinação apostólica, e também exclui o Novo Testamento como instância fundamentadora do celibato obrigatório. Consequentemente, o celibato obrigatório poderia ser abolido a qualquer tempo.

Caso fosse, de fato, uma determinação apostólica, certamente a Igreja teria sempre apresentado o testemunho da Escritura e da Tradição como fundamento inequívoco e indiscutível. Visto que esta possibilidade não existe, ela foi obrigada a encontrar sempre novas fundamentações para o preceito do celibato e também de novo abandoná-las quando já não eram convincentes. Pureza cultual ou ascética, motivos econômicos, razões pragmáticas do ser livre da Igreja, bem como fundamentações carismáticas e espirituais foram apresentadas por papas e sínodos no decorrer da história em favor do celibato; já o argumento da determinação apostólica, significativamente, não foi citado.

3
O celibato nem sempre foi o mesmo

Em diversas épocas, sob este nome não só se compreendeu algo completamente diferente, mas também as prescrições tiveram de ser reiteradamente renovadas, modificadas e impostas contra grandes resistências.

Durante a Quaresma do ano 1139, realizou-se um sínodo na Basílica do Latrão que deveria entrar para a história como o II Concílio do Latrão. Desde 1130 havia – mais uma vez – dois papas. Dezesseis cardeais, na maioria franceses, haviam eleito papa, Inocêncio II, e vinte cardeais italianos, Anacleto II. Depois da morte deste, em 25/01/1138, no Vaticano, Inocêncio II convocou um Concílio, a fim de, oito anos depois, encenar da maneira mais efetiva possível, seu reconhecimento geral como papa. Devem ter participado cerca de quinhentos bispos, o que significa grande número para a época. Infelizmente, perderam-se as Atas do Concílio, tendo restado apenas trinta breves decisões a respeito de questões preponderantemente disciplinares[73].

---

73. Cf. SIEBEN, H.J. Lateran I.-IV. *Theologische Realenzyklopädie*, 20, 1990, p. 481-489. • JEDIN. *Konziliengeschichte...*, p. 42-45. •

Provavelmente, há muito tempo o Concílio teria caído no esquecimento caso não se tivesse expressado a respeito do celibato dos clérigos. Na consciência geral, 1139 é considerado como o ano da criação da lei do celibato[74], e na literatura científica se fala de um "ponto de viragem decisivo"[75].

Mas a lei do celibato foi deveras criada somente em 1139? Com as decisões do II Concílio do Latrão quanto a este tema, a legislação eclesial entrou realmente em uma fase completamente nova? Ou, como o formula Richard Price, deve-se supor um processo multissecular de crescentes "restrições ao matrimônio de clérigos"?[76] Para poder dar uma resposta consistente é necessário apresentar um panorama histórico-jurídico dos decretos e determinações eclesiais pertinentes.

O Novo Testamento pressupõe, obviamente, clérigos casados, que são "homens de uma esposa". Uma série de sínodos decidiu, depois, excluir o novo casamento de um homem ordenado depois da morte de sua esposa[77]. No Sínodo de Neocesareia, entre 314 e 325, deu-se ainda um passo adiante e determinou-se que bispos e padres já ordenados não mais tinham permissão, de

---

Einführung zum Zweiten Laterankonzil. In: WOHLMUTH (ed.). *Dekrete...* Vol. 2, p. 195s.

74. Cf. RANKE-HEINEMANN. *Eunuchen...*, p. 116.

75. BISCHOF. *Junktim...*, p. 65. • DENZLER. *Geschichte...*, p. 35: "novo capítulo na história do celibato dos padres".

76. PRICE. *Zölibat...*, p. 722.

77. Cf., p. ex., o Sínodo de Valência, do ano 374, no qual vinte bispos da região gaulesa estavam reunidos e decidiram o seguinte: quem se casou duas vezes ou desposou uma mulher que já estivera casada anteriormente não poderia ser ordenado clérigo. Cf. MUNIER, C.; GAUDEMET, J. (eds.). *Conciles Gaulois du IVe siècle*, 1977, p. 104.

forma alguma, para casar-se. Desse modo a ordenação tornou-se um obstáculo ao matrimônio. No entanto, permanece obscuro se o casamento de um clérigo ordenado foi considerado inválido e o Sacramento do Matrimônio, portanto, não poderia ter sido realizado, ou se o casamento não fora simplesmente permitido, mas era válido. Nos três séculos subsequentes, a proibição parece ter sido amplamente assumida. Seja como for, em relação a isso, praticamente não se encontram determinações pertinentes nos decretos dos sínodos[78]. Um matrimônio antes da ordenação, ao contrário, não foi problematizado.

Não se pode esquecer, porém, quão difícil é a situação das fontes neste período; de fato, muitas vezes existem apenas textos normativos, portanto, decretos de bispos ou determinações de sínodos que prescrevem algo juridicamente, mas praticamente nenhuma fonte narrativa que relate a respeito da observação ou não observação de tal regulamento. Por conseguinte, pode-se apenas inferir indiretamente: o que funciona não é preciso ser continuamente repetido. O que não funciona, precisa ser sempre de novo juridicamente imposto[79].

No sínodo provincial de Elvira, na Espanha, realizado provavelmente por volta de 306, foi promulgada uma primeira lei do celibato. Todavia, o cânone 33,

---

78. Cf. BOELENS. *Klerikerehe...*, p. 38.

79. Quanto à implementação dos preceitos jurídicos, aí já é, uma vez mais, outra história. Cf., p. ex.: BISCHOF. *Junktim...*, p. 66-69. • DENZLER. *Geschichte...*, p. 146-162. • PRICE. *Zölibat...*, p. 728s.

conforme o demonstrou a pesquisa recente, deve ter sido uma conveniente cláusula adicional posterior, do final do século IV[80]: "Ficou plenamente decidido impor aos bispos, aos presbíteros e aos diáconos, como a todos os clérigos *no exercício do ministério*, a seguinte proibição: que se abstenham das suas esposas e não geram filhos; quem, porém, o fizer, deve ser afastado do estado clerical"[81]. O sínodo, obviamente, pressupunha clérigos casados, exigia deles, porém, continência sexual, pelo que os estudiosos discutem, na pesquisa, se esta exigência valia como princípio ou apenas para determinados períodos[82]. E, visto que, em Elvira, tratou-se apenas de um sínodo provincial e não de um Concílio geral, suas decisões, na melhor das hipóteses, podiam reivindicar força jurídica para a província eclesial espanhola, mas não para toda a Igreja.

Importância especial é atribuída ao aditamento "no exercício do ministério", no texto original latino, "clericis positis in ministerio". Martin Boelens relaciona esta formulação ao serviço sacerdotal no altar na celebração da Eucaristia[83]; Stefan Heid, por outro lado, compreende aí a tomada de posse de um clérigo[84]. No

---

80. Cf. PRICE. *Zölibat...*, p. 72

81. Sínodo de Elvira (Espanha) de 300-303? Cânone 33. In: DENZIGER; HÜNERMANN (eds.). *Compêndio dos símbolos, definições e declarações de fé e de moral*, n. 119. Destaque do autor. Tanto a datação do sínodo como a origem dos atos legados (os decretos foram transmitidos no próprio sínodo ou se trata de uma coletânea posterior de sínodos espanhóis?) são controversas. Cf. RAMOS-LISSÓN, D. Elvira. *Lexikon für Theologie und Kirche*, 3, 1995, col. 614.

82. Cf. HEID. *Zölibat...*, p. 99-104.

83. Cf. BOELENS. *Klerikerehe...*, p. 40s.

84. Cf. HEID. *Zölibat...*, p. 101.

primeiro caso, clérigos casados só deveriam abster-se de suas esposas no contexto imediato da celebração da missa; no segundo caso, por princípio. Uma vez que nos primeiros séculos, a celebração da Ceia era realizada somente no Domingo, e apenas alguns poucos dias santos foram acrescentados para a celebração eucarística, "dificilmente [...] se pode comprovar uma celebração diária", e os dias de abstinência para bispos e padres teriam permanecido compreensíveis por muito tempo[85].

Um olhar sobre os sínodos dos séculos VI e VII mostra, porém, que principalmente no Ocidente, esta prescrição, publicada, a princípio, regionalmente, foi interpretada sempre mais no sentido de uma continência absoluta no matrimônio dos padres[86]. Na parte oriental do império romano, em contrapartida, as exigências de uma continência por princípio no matrimônio dos clérigos, apesar dos defensores, não foram aceitas. Quando se considera que o costume apostólico permitia um matrimônio para os ministros, então se deve concluir que a Igreja oriental está mais próxima deste costume do que a Igreja ocidental. Dito de outra maneira, a Igreja do Ocidente desenvolveu sua própria tradição, enquanto a Igreja oriental permaneceu mais na linha da Igreja primitiva[87]. Mas também se torna evidente que o celibato da

---

85. FRANK. *Lehrbuch...*, p. 342; Cf. tb. DASSMANN. *Kirchengeschichte...*, p. 216-220.

86. Cf., p. ex., o Sínodo de Clermont, de 535. • CLERC, C.; GAUDEMET, J.; BASDEVANT, B. (ed.). *Les canons des conciles mérovingiens VIe-VIIe siècles,* vol. 1, p. 210-224; aqui, p. 216. Cf. tb. o sínodo imperial na França, de 567: ibid., vol. 2, p. 348-408.

87. BOELENS. *Klerikerehe...*, p. 74.

continência geral obviamente só funcionou com reserva. As diversas decisões de sínodos locais, principalmente na parte ocidental da Igreja, e os correspondentes rescritos e decretos papais sobre este tema não podem ser explicados de outra maneira[88].

Gregório de Tours, morto em 594, pressupõe, evidentemente, bispos casados no reino dos francos. Assim, ele escreve sobre o Bispo Badegisel, de Le Mans, que teria roubado o povo; mais cruel e medonha, porém, teria sido sua esposa, Magnatrude. Segundo Gregório, ela cortou a muitos homens o pênis, juntamente com a pele do abdômen, e queimou a genitália de mulheres com ferro candente. Após a morte do bispo, Magnatrude opôs-se à devolução dos bens da Igreja do bispado de Le Mans[89]. No entanto, seria possível que, para Gregório de Tours, bispos casados ainda não fosse algo tão natural, e em seu cenário de horror, devemos ver uma polêmica contra bispos casados.

Para os séculos IX e X, quase não existem determinações que expressamente prescrevam ou imponham uma continência aos clérigos no matrimônio[90]. "Uma tentativa séria de levar" bispos, padres e diáconos "à continência matrimonial não é demonstrável neste período"[91]. Nem sequer Nicolau I, cujo pontificado, de

---

88. Cf. DENZLER. *Papsttum...* vol. 1, p. 12-30, 139-151.

89. Cf. GREGOR VON TOURS. *Libri historiarum decem*, 1951, p. 405s.

90. Cf. a lista de todos os decretos atinentes (DENZLER. *Papsttum...*, vol. 1, p. 152-157), na qual não são apresentadas fontes para os séculos IX e X. Cf. tb. TELLENBACH. *Kirche...*, p. 38, 136-140 e passim.

91. BOELENS. *Klerikerehe...*, p. 114.

858 a 867, sem dúvida apresenta uma tentativa decidida de concentrar todo o poder na Igreja Católica no papa, em Roma, conseguiu impor uma linha dura quanto ao tema do celibato. Por certo o papa deixou claro que preferia padres não casados. Ele recusava-se, porém, a condenar abertamente párocos que mantinham relações sexuais com suas mulheres. Acima de tudo, ele admoestava os fiéis a receberem a comunhão da mão de tal sacerdote, "pois ninguém, por mais impuro que seja, pode manchar os santos sacramentos, que são um meio de purificação para todas as manchas"[92].

No século e meio seguintes, os papas estão ausentes em larga medida como instância moral e como legisladores de toda a Igreja. No assim chamado *Saeculum obscurum*, o século obscuro da história dos papas, que na realidade durou de 882 até 1046, o papado tornou-se um joguete de famílias romanas nobres rivais. Igualmente entre os próprios papas, que foram colocados na sede de Pedro como meros reservadores de lugar para seu clã, dificilmente se podia pensar na observação do celibato. Isto mostra que nos albores da incipiente alta Idade Média, não havia nenhuma linha contínua de exacerbação do celibato de continência. Ao contrário, é preciso pressupor uma série de elementos retardadores, o que também sugerem exemplos da Itália dos séculos VIII e IX[93].

---

92. NIKOLAUS I. *Responsa ad Consulta Bulg.* LXXI. • MANSI, j.d. *Sacrorum conciliorum nova et amplissima collectio*, vol. 15, 1770, p. 425; tradução alemã citada segundo DENZLER. *Papsttum...* vol. 1, p. 40.

93. Cf. QUARANTA. *Preti...*, passim.

Contudo, diferentemente do que diz respeito ao relacionamento dos padres com suas esposas, neste período havia relativamente muitas prescrições sobre mulheres estrangeiras, as assim chamadas *mulieres extraneae*. Quando estas são mencionadas, quase sempre se trata de padres não casados com os quais quaisquer mulheres "estrangeiras" viviam, o que trazia aos clérigos a suspeita do concubinato – a relação sexual ilícita com uma mulher. Vários sínodos regionais retornavam reiteradamente a este tema; alguns, em princípio, proibiram as mulheres de morar na casa paroquial; outros permitiam-no à mãe e à irmã; no caso de padres viúvos, eventualmente, também, à filha e à neta[94].

No decurso da assim chamada reforma gregoriana do século XI, porém, impôs-se um novo elemento na "restrição do matrimônio de clérigos". Não raro, o alegado papado da reforma é entendido em primeira linha como a luta pela liberdade política da Igreja do poder secular, que estava ligado à disputa pela investidura, portanto, pela nomeação para ministérios eclesiásticos. Os papas da reforma queriam impedir incondicionalmente que leigos tivessem a palavra decisiva na atribuição de postos eclesiásticos. As discussões culminaram no conflito entre o Papa Gregório VII e o imperador romano-germânico Henrique IV. Aqui, no mais alto

---

94. Cf. BOELENS. *Klerikerehe...*, p. 104-113, com inúmeras provas. Como exemplo concreto, seja-me permitido remeter ao Sínodo de Gerona, em 517. • VIVES, J. (ed.). *Concílios visigóticos e hispano-romanos*, 1963, p. 39-41 (n. 5); Sínodo de Saint-Pierre-de-Granon 673/675. • CLERC, C.; GAUDEMET, J.; BASDEVANT, B. (eds.). *Les canons des conciles mérovingiens VI*-VII* siècles*, vol. 2, 1989, p. 568-572.

nível, tratava-se da questão de quem tinha permissão para instituir bispos e abades: o papa ou o imperador? Disputas de investiduras, entretanto, havia até no plano inferior, no nível das paróquias, em que se contestava aos aristocratas o direito de instituir e fiscalizar párocos.

Para os papas da era da reforma, também faz parte da liberdade da Igreja a luta contra a simonia e o nicolaitismo. Por simonia se entende a entrega de ministérios eclesiásticos mediante suborno e dinheiro, enquanto por trás do nicolaitismo disfarça-se simplesmente o casamento de padres. Quando se esclarece que Gregório VII e inúmeros outros reformadores romanos provinham de mosteiros como o de Cluny, nos quais o ideal da pureza ascética na tradição monástica havia sido redescoberto, não causa admiração o entusiasmo com o qual este asceta no trono papal queria transferir o voto de castidade também para o clero secular[95].

Por isso, em vários sínodos foi recomendada expressamente a "castidade dos clérigos no sentido de completa abstinência"[96]. Contudo, visto que a continência sexual no matrimônio era pouco realista quando um padre e sua esposa continuavam a conviver sob o mesmo teto, como o demonstravam as experiências com a falta de "autocontrole de clérigos", a ideia de uma separação dos clérigos de suas esposas ganhou cada vez mais peso. Considerações iniciais a este respeito certamente já houvera no alvorecer da Idade Média, mas "cânones que exigiam de modo geral que clérigos

---

95. Cf. HERBERS. *Geschichte...*, p. 128-132.
96. DENZLER. *Papsttum*, vol. 1, p. 66.

casados vivessem separados de suas esposas" só apareceram no século XI[97].

O decreto de separação dificilmente podia impor-se por razões socioeconômicas. Afinal, com isso, mulheres e crianças perderiam a seguridade social e os meios de subsistência. No momento em que Gregório VII exigiu dos párocos ou abjurar do matrimônio ou renunciar ao ministério sacerdotal, em toda a Itália – conforme Lampert von Hersfeld narra em seus Anais – sobrevieram tumultos, e "uma tempestade de indignação" levantou-se em todo o clero. Eles declararam abertamente que o homem era um completo herege e sua doutrina era insana, e não observava a Palavra de Deus, que diz: "Nem todos compreendem esta Palavra; quem a puder compreender, compreenda-a". Por meio de suas rigorosas exigências, o papa queria forçar os seres humanos a viver como anjos, e na medida em que queria obstruir a via costumeira do instinto natural, ele apenas afrouxaria as rédeas da prostituição e da libertinagem[98].

No combate em torno da separação dos padres de suas esposas, a reforma gregoriana atolou-se em grande parte na formulação de reivindicações. Simplesmente quase nenhum clérigo ateve-se às prescrições romanas. Legados papais e bispos, uma vez que eles próprios, em todo caso, não eram casados, não podiam ou não queriam impor esta exigência.

---

97. PRICE. *Zölibat...*, p. 726.

98. HERSFELD, l. Annalen. In: SCHMIDT, A. (ed.). *Ausgewählte Quellen zur deutschen Geschichte des Mittelalters*, vol. 13, 1957, p. 3-423; aqui, p. 259.

Chegou-se a uma lenta mudança de mentalidade entre os fiéis, o que não deve ser subestimado, os quais interiorizaram cada vez mais o mantra papal – ou desistir do serviço ao altar ou se separar da esposa. Agora, grupos de fiéis punham cada vez mais em dúvida a validade da administração dos sacramentos pelo clero casado[99], mesmo que teólogos como Petrus Damiani, em 1052, tivessem esclarecido que "assim como o Batismo, também a Ordenação sacerdotal não poderia ser conspurcada por nenhuma mancha de um detentor de ministério aparentemente pecador"[100].

Durante o Segundo Concílio do Latrão, de 1139, chegou-se efetivamente a novas regulamentações legais quanto ao celibato. No cânone 6, determina-se que todos os clérigos "que, a partir do diaconato em diante, se casam ou vivem em concubinato", perdem "seu ministério e seu benefício eclesiástico". "Visto que, na verdade, são e devem ser chamados templos de Deus, vasos do Senhor e santuários do Espírito Santo, é indigno que se entreguem 'à devassidão e à impureza sexuais'"[101]. Esta determinação foi interpretada principalmente no sentido de que a ordenação mais elevada se tornou um obstáculo divisor do matrimônio[102]. O interessante é que a sexualidade

---

99. Cf. BOELENS. *Klerikerehe...*, p. 163.

100. Citado segundo HERBERS. *Geschichte...*, p. 122.

101. II Concílio do Latrão, cânone 7. In: WOHLMUTH (ed.). *Dekrete...*, vol. 2, p. 198.

102. Cf. BISCHOF. *Junktim...*, p. 65, que resume concisamente o estado da pesquisa. Cf. tb. LÜDECKE, N. Zölibat II – In der christlichen Kirche. *Religion in Geschichte und* Gegenwart, 48, 2005, col. 1.896-1.898; aqui, col. 1.897.

conjugal foi inequivocamente desvalorizada mediante a equiparação com a devassidão, que supõe comportamento pecaminoso.

Em seguida, o cânone 7 retoma a aludida mentalidade modificada dos fiéis e determina: "A ninguém é permitido ouvir a missa daqueles dos quais se sabe que têm esposas ou concubinas". Em razão da necessária continência e pureza, todos os clérigos superiores "que ousam conviver com mulheres devem se separar delas". Com efeito, "tal união, que incorreu manifestamente contra a regra eclesiástica, não é, segundo nosso juízo, nenhum matrimônio"[103]. Entretanto, a contração do matrimônio de clérigos depois da ordenação já era proibida desde o século IV; a rigor, tais matrimônios não eram permitidos, mas podiam ter sido válidos. Agora, no ano 1139, pela primeira vez foram declarados inválidos. Isso faz toda diferença.

Aqui, obviamente, já não se trata de um celibato de continência, mas de um celibato de separação. Contudo, não fica claro se nos matrimônios contraídos contra a regra eclesiástica estão compreendidos também os casamentos de clérigos antes da ordenação. Até então, estes tinham sido sempre vistos como válidos e correspondentes às prescrições da Igreja. Possivelmente, o cânone visava apenas à contração do matrimônio depois da ordenação. Ele teria ocorrido, então, de fato, já desde o século IV, contra a "regra eclesiástica", embora até 1139 provavelmente sua validade sacramental

---

103. II Concílio do Latrão. In: WOHLMUTH (ed.). *Dekrete...* Vol. 2, p. 198.

não tenha podido ser colocada em dúvida. As determinações, consideradas conjuntamente, não parecem realmente inequívocas.

Por conseguinte, deve-se concordar com Richard Price, que constatou: "A meta de uma consequente prescrição legal para um celibato clerical" teria exigido do Segundo Concílio do Latrão, de 1139, "mais dois passos – a exclusão formal de homens casados da ordenação", de um lado, e "uma determinação de que a ordenação torna inválido um matrimônio anterior (ou vice-versa)", de outro. Nenhum dos passos foi dado, pelo menos juridicamente. Efetivamente, porém, as mulheres de padres que haviam desposado seus maridos antes da ordenação deles, foram cada vez mais tratadas como concubinas. Na Idade Média tardia e no início da Idade Moderna, a proibição de diáconos, padres e bispos conviverem com suas mulheres levou a que os "candidatos à ordenação celibatários se tornassem a norma"[104].

Apesar desta práxis, os textos jurídicos do Direito Canônico católico não mudaram durante muitos séculos: a ordenação permaneceu um impedimento ao matrimônio, mas inversamente, o matrimônio não era, em princípio, um obstáculo à ordenação. Independentemente disso, tendo em vista a estrutura do Direito Canônico católico de então, dificilmente se podiam esperar determinações claras. Nomeadamente, não havia nenhum código eclesiástico uniforme. Até à promulgação do *Codex Iuris Canonici*, no ano 1917,

---

104. PRICE. *Zölibat...*, p. 727.

as prescrições jurídicas eclesiásticas estavam expostas no chamado *Corpus Iuris Canonici*, uma coletânea de decretos conciliares, de decretos papais e de outras fontes jurídicas, reiteradamente ampliada com base no *Decretum Gratiani*, bem como seus multifacetados comentários. Não raro, o *Corpus* oferecia, portanto, respostas ambíguas, de modo que, com razão, pode-se falar de uma ambiguidade do Direito Canônico católico antes de 1917[105]. No *Decretum Gratiani* encontram-se, por exemplo, respostas completamente diferentes à pergunta se poderia ser ordenado alguém que, antes de sua ordenação, uma ou duas vezes fora casado ou até mesmo tivera uma concubina. Ademais, Graciano, de um lado, cita o Papa Pelágio II, que governou de 578 até 590, e em tal caso, permitiu a ordenação; por outro lado, porém, Martinho I, que em 649 a proibiu expressamente. Por fim, no *Decretum*, Graciano propôs uma terceira solução: haveria exemplos suficientes para que alguém, depois de ter feito penitência, pudesse ser regularmente reconduzido à sua posição antiga ou a outra ainda mais elevada, como, possivelmente, mostra o exemplo do Rei Davi após a sedução de Bersabeia, esposa de Urias[106].

Além do mais, não se deve esquecer que uma forma externa vinculante, segundo a qual um válido matri-

---

105. Cf. BAUER. *Kultur...*, p. 26-41. • WOLF, H. Seid doch nicht so streng. In: *Christ und Welt*, n. 28, de 05/07/2018, p. 5.

106. Cf. *Decretum Gratiani*, Distinctio XXXIII e Distinctio L, C [Disponível em https://geschichte.digitale-sammlungen.de/decretum-gratiani/seite/bsb00009126_00113 e https://geschichte.digitale-sammlungen.de/decretum-gratiani/gehezuseite/?page=181 – Acesso em 19/02/2019].

mônio católico deve ser contraído, é exigida somente a partir de 1563. Anteriormente, bastavam as promessas matrimoniais orais informais que ambos os parceiros podiam fazer um ao outro, inclusive sem a presença de terceiros, para a celebração válida de um matrimônio. O Concílio de Trento, por outro lado, em seu decreto sobre o matrimônio *Tametsi*, introduziu como condição necessária a assim chamada fórmula canônica: a partir de então, um matrimônio só é válido, pois, se for celebrado diante de um pároco e de duas testemunhas[107]. Se um pároco e sua esposa, portanto, antes de 1563, tinham dado seu sim mútuo sem testemunhas, viviam, por certo, em um matrimônio "clandestino", portanto, secreto, mas completamente válido do ponto de vista canônico. Seja como for, uma entrada em um registro de matrimônio só houve desde o Tridentino. Consequentemente, considerando-se já do ponto de vista puramente das fontes, antes do começo do século XVII dificilmente se pode comprovar a contração de matrimônios de padres.

Sem dúvida, até o século XX, o Direito Canônico católico "sempre contou com os homens casados que querem ser admitidos ao estado clerical, ou seja, que querem ordenar-se"[108]. Somente o *Codex* de 1917 mudou isso. Uma análise das Atas da Comissão para a Alteração do Direito Canônico mostra que aqui foi

---

107. Cf. Concílio de Trento, cânone sobre uma reforma do matrimônio. Decreto Tametsi. In: DENZIGER; HÜNERMANN (ed.). *Compêndio dos símbolos, definições e declarações de fé e de moral*, n. 1.813-1.816. Cf. tb. DEMEL. *Trauung...*, p. 48-74.

108. PUZA. *Viri...*, p. 17.

abolida uma "tradição milenar", e a ordenação foi determinada pela primeira vez como obstáculo ao matrimônio[109]. E apenas no Direito Canônico atualmente em vigor, o *Codex Iuris Canonici* de 1983, os homens casados são formalmente excluídos da ordenação. Ao mesmo tempo, reforçou-se que o matrimônio representa um obstáculo absoluto à ordenação. Está escrito: "São simplesmente impedidos de receber as ordens [...] o homem casado, a não ser que se destine ao diaconato permanente"[110].

Assim, a lei do celibato foi deveras criada no Segundo Concílio do Latrão, e o ano 1139 representa, efetivamente, o grande ponto de viragem na histórica da normalização jurídica da continência sexual dos padres? A visão panorâmica sob o ponto de vista da história do Direito Canônico permite surgirem dúvidas legítimas quanto a essa evidente periodização. Com Richard Price, parece ser mais plausível falar de uma história de "crescentes restrições do matrimônio de clérigos". Neste caso, não se trata de um processo retilíneo e propositado, que tivesse ambicionado de antemão a completa continência sexual de clérigos.

Em resumo, constatam-se essencialmente seis fases da regulamentação eclesiástica do celibato: em primeiro lugar, obviamente, padres casados no Novo Testamento, com a única restrição de poder estar casado apenas uma vez – aqui, no mínimo se insinua a ordenação como impedimento para o matrimônio; em segundo lugar,

---

109. *CIC*, 1917, cânone 1.072.
110. *CIC*, 1983, cânone 1.042, n. 1.

exigência de continência sexual limitada no matrimônio pelo menos no contexto imediato do serviço do altar desde o século IV; em terceiro lugar, o preceito de abstinência geral dos padres no matrimônio no Ocidente, mas consumação normal do matrimônio no Oriente desde os séculos VI e VII; em quarto lugar, o mandamento da separação de padres casados de suas esposas desde o século X; em quinto lugar, a ordenação como obstáculo divisor do matrimônio em 1139; em sexto lugar, o matrimônio como impedimento à ordenação, e a ordenação como impedimento ao matrimônio desde o *Codex Iuris Canonici* de 1917. A verdadeira guinada na regulamentação do celibato, portanto, não está no ano 1139, mas em 1917.

As fases históricas das progressivas limitações no âmbito do matrimônio de clérigos mostram que o celibato não era algo natural. Em períodos diferentes, entendeu-se por celibato não só algo completamente diferente, mas igualmente as limitações prescritas tiveram de ser repetidamente renovadas, modificadas e impostas contra grandes resistências. Durante muito tempo, os desvios dos preceitos não foram vistos como escândalos, mas como a regra tolerada. Isto não obstante, sempre houve na história da Igreja homens e mulheres que, por causa do Reino dos Céus, renunciaram voluntariamente ao matrimônio porque convencidos de poderem, deste modo, seguir o Cristo mais autenticamente. Esta forma de seguimento, no entanto, não pode ser confundida com uma lei de celibato para padres, pouco importa como seja formulada.

4
Origens pré-cristãs

A concepção da pureza cultual do sacerdote provém das antiguidades judaica e pagã, e já não é atual.

Ao longo de quase mil e quinhentos anos, o motivo da pureza ritual desempenhou papel decisivo na justificação do celibato sacerdotal. Por trás disso está a concepção de que o sacerdote só poderia realizar dignamente a celebração da Eucaristia como sacrifício santo com mãos puras[111]. Aquele que toca o santíssimo Corpo de Cristo e o cálice com o preciosíssimo Sangue só o pode fazer como o Cristo na última ceia, com "mãos santas e veneráveis", como se diz na Oração Eucarística da Santa Missa romana[112]. Ele não deve de forma

---

111. Cf. o eloquente título *Com mãos puras – O motivo da pureza cultural na ascese ocidental*, de Arnold Angenendt. Ele mesmo enfatizou que utiliza o conceito "arcaicamente", mas sem juízo de valor. Isto, porém, não é fácil porque a palavra está negativamente impregnada na linguagem coloquial. Cf. FABER, R. Archaisch /Archaismus. *Handbuch religionswissenschaftlicher Grundbegriffei*, 2, 1990, p. 51-56. Quanto ao uso que Angenendt faz do conceito, cf. HEN, Y. Arnold Angenendt's History of Medieval Religiosity. *Revue Belge de Philologie et d'Histoire*, 77, 1999, p. 473-479; aqui, p. 478.

112. *Missal Romano*, Oração Eucarística I, p. 473. O texto original latino comporta a expressão "in sanctas ac venerabiles manus suas" [em suas santas e veneráveis mãos]; a Conferência Episcopal Portuguesa

alguma estar *manchado*. Entretanto, considerava-se como fonte principal de toda contaminação cultural tudo o que, de alguma forma, estivesse relacionado à sexualidade, desde as relações sexuais propriamente ditas e os *fluidos* daí decorrentes, passando pelo sangue menstrual da mulher e pela poluição – a *maculação* do homem pela emissão involuntária de esperma durante o sono – até o beijo, o abraço, o mero toque ou também apenas a proximidade de uma mulher, uma filha de Eva, por meio da qual, segundo a concepção teológica clássica, o pecado veio ao mundo.

Tal compreensão é, evidentemente, arcaica e – conforme Arnold Angenendt demonstrou –, na verdade, não é compatível com o Cristianismo em razão de sua "concepção ética de religião", que considera "as relações sexuais e as substâncias sexuais determinadas pelas leis da natureza" como "naturais" e, portanto, sem juízo de valor[113]. Uma mentalidade de pureza cultural é igualmente estranha ao evangelho, como o mostra exemplarmente uma disputa de Jesus sobre a pureza e a impureza com os fariseus e os doutores da lei. O ponto de partida é a censura de que os discípulos de Jesus comiam com mãos impuras porque não se lavavam as mãos antes das refeições. Desse modo, os fariseus viam desrespeitadas as prescrições de pureza dos patriarcas. A posição de Jesus é clara: "O que torna alguém impuro não é o que entra pela boca, mas o que

---

traduz por "em suas santas e adoráveis mãos"; a edição brasileira traz simplesmente "em suas mãos" [N.T.].

113. ANGENENDT. *Motiv...*, p. 251. Cf. tb. DASSMANN. *Diakonat...*, p. 63.

sai da boca, isso é que o torna impuro. Pois o que sai da boca vem do coração, e isso é que torna impuro. É do coração que saem as más intenções: homicídios, adultério, imoralidade sexual, roubos, falsos testemunhos e calúnias"[114]. Pureza, para Jesus, ao contrário de seus opositores, não é um conceito cultual que se pode constatar por exterioridades; como, por exemplo, tocar em um cadáver, comer determinados alimentos, apelar a um tabu, tocar em uma mulher menstruada ou parturiente. Para ele, pureza é antes uma questão de sinceridade do coração e fundamentalmente atitude moral; isto é, uma categoria ética.

Acontece, ademais, que o cristianismo primitivo em geral não conhecia nenhum sacrifício cultual e, consequentemente, também não precisava de nenhum sacerdote imolador cultualmente puro. Pelo contrário, os membros das comunidades cristãs "partiam o pão pelas casas e tomavam a refeição na alegria e na simplicidade de coração"[115]. Demais, o ministério eclesial só se desenvolveu até ao que hoje entendemos como tal em um processo mais longamente duradouro. A Igreja primitiva, convencida da imediatamente iminente volta do Senhor, não precisava de estruturas fixas e permanentes. Bastavam pregadores ambulantes e carismáticos.

No decorrer do tempo, à medida que parusia se retraía cada vez mais e os cristãos se estabeleciam neste mundo, erigiram-se formas coletivas comple-

---

114. Mt 15,1-20.
115. At 2,46.

tamente diferentes de liderança da comunidade. Em alguns lugares, os ministros eram chamados de anciãos (presbíteros), em outros supervisores (bispos), em outros, ainda, servidores (diáconos). Não raro as designações também se misturavam. Apenas durante o século II prevaleceu, então, o monoepiscopado, de sorte que havia, portanto, apenas um bispo como dirigente de uma comunidade, que se encarregava também, cada vez mais, da celebração da Eucaristia. Nos três primeiros séculos, por outro lado, o ministério do sacerdote permaneceu relativamente "anódino", porque, no fundo, não era realmente necessário. O bispo celebrava a Ceia do Senhor, assistido por diáconos; os presbíteros, quando muito, eram um conselho honorário de anciãos que apoiava o bispo na condução da comunidade, mas originalmente não tinha permissão para assumir praticamente nenhuma função litúrgica importante. Somente quando o cristianismo, no curso das migrações dos povos, deu o salto para as sociedades agrárias, que não conheciam nenhuma cultura urbana, surgem nas fontes padres encarregados pelo bispo como dispensadores de sacramentos nas zonas rurais. Contudo, um dado permanece válido: "No geral, o ministério presbiterial continua sendo o mais embaçado no período primitivo-eclesial"[116].

Paralelamente a este desdobramento, a pouco e pouco se modifica a compreensão da Eucaristia: a refeição de Jesus e sua atualização na fração do pão

---

116. DASSMANN. *Kirchengeschichte...*, p. 169s. Cf. tb. FRANK. *Lehrbuch...*, p. 100-116.

tornou-se, afinal, um sacrifício cultual[117]. Desse modo, também os critérios para a oferenda pura e imaculada do sacrifício, originalmente estranhos ao cristianismo, entraram fortalecidos novamente em pleno foco. O presbítero, de ancião experiente, tornou-se o sacerdote no sentido de imolador. A competência do bispo ou do presbítero, até então obviamente casados, que partiam o pão, era cada vez mais questionada. Para a normalização da pureza cultual, havia duas fontes à disposição do cristianismo primitivo. De um lado, as minuciosas prescrições de pureza da Tora judaica que, como parte do Antigo Testamento, foi assumida pela Bíblia cristã. No Livro do Levítico, o código sacerdotal do Antigo Testamento, trata-se detalhadamente a respeito da "secreção do corpo" que torna o homem e a mulher impuros. No caso do homem, trata-se, em primeiro lugar, da ejaculação; quanto à mulher, do sangue menstrual. "A mulher que tiver um corrimento menstrual ficará durante sete dias na impureza [...]. Quem a tocar ou quem tocar um objeto com que ela tivera contato, torna-se igualmente impuro"[118].

Por outro lado, porém, também a Antiguidade pagã conhecia a "identificação de impureza corporal-sexual com a maculação cultual"[119]. Nos dias em que os sacerdotes exerciam funções cultuais no templo, deviam alcançar "determinado grau de *hagneía* [pureza]. [...].

---

117. Cf. DASSMANN. *Kirchengeschichte...*, p. 216-220. • FRANK. *Lehrbuch...*, p. 342. • SCHNEIDER. *Zeichen...*, p. 128-159. • SCHUBERT. *Gott...*, p. 31-36.

118. Lv 15.

119. ANGENENDT. *Motiv...*, p. 251.

Além da evitação de relações sexuais e contato com uma puérpera ou com uma casa enlutada, incluíam-se aí também "a observância de proibições alimentares, jejuns de vários dias, uso de determinados alimentos inusuais"[120].

Contudo, nem na Antiguidade judaica, nem na pagã, a exigência de pureza cultual levava, em princípio, a uma proibição do matrimônio ou a uma renúncia absoluta à sexualidade. Uma exceção proeminente é representada pelas virgens vestais na Roma Antiga. Seis virgens, com idade entre os seis e dez anos, eram chamadas para um período de serviço de trinta anos, serviam no templo da deusa Vesta como guardiãs do Fogo Eterno, considerado o símbolo da continuidade do Estado romano, e a fonte santa da ninfa Egéria[121]. A este serviço das vestais estava associada a continência sexual absoluta, razão pela qual a perda da virgindade era castigada com a morte. Na maioria das vezes, uma vestal decaída era enterrada viva.

Caso contrário, exigia-se apenas uma continência sexual temporária, e esta era também unicamente uma condição em um catálogo mais abrangente de prescrições de pureza. No cristianismo, porém, a pureza cultual reduziu-se prática e exclusivamente à pureza sexual. Destarte, o Papa Dâmaso I, por exemplo, em uma carta aos bispos na Gália, datada de cerca do ano 375, formulou a afirmação de que a união sexual entre um homem e uma mulher, no matrimônio, também

---

120. BURKERT. *Religion...*, p. 133. Destaque no original.
121. Cf. BÄTZ. *Studien...*, passim.

deveria ser vista como *Pollutio* – portanto, *sujidade* –, que destrói a *sanctitudo corporis*, a santidade do corpo, e torna impossível ao padre oferecer na missa um sacrifício agradável a Deus[122]. Neste contexto, desempenharam também papel decisivo os Livros Penitenciais, que surgiram na Irlanda a partir do século VI. Eles reinterpretavam as prescrições do Novo Testamento, de intenção meramente ética, em sentido cultual[123].

Na Igreja ocidental, este ideal de pureza cultual foi sempre mais desdobrado e quase hinicamente celebrada, enquanto na Igreja oriental, também antes do cisma de 1054, sacerdotes casados continuavam a valer como a regra. Durante vários séculos, esta concepção diferente sobre o celibato não ameaçou a unidade da Igreja, o que depõe em favor da verdadeira catolicidade e amplitude da Igreja. No entanto, no decurso do papado da reforma, os padres casados da Igreja oriental tornaram-se objeto preferido da malícia dos entusiastas romanos do celibato. Desse modo, o Cardeal Humbert von Silva Candida, por exemplo, morto em 1061, escarneceu de um jovem pároco ortodoxo: "Então, a maior e mais perfeita coisa parece ser que o jovem esposo, tão logo esgotado de prazer, serve no altar, e com suas mãos santificadas pelo Corpo imaculado [de Cristo], imedia-

---

122. Cf. DENZLER. *Papsttum...*, vol. 1, p. 140-142; aqui, p. 141.

123. Foi principalmente Hubertus Lutterbach quem chamou a atenção para isso. "A concepção histórico-religiosa de maculação cultual que se infiltrou maciçamente no cristianismo na Idade Média mudou fundamentalmente posições quase únicas do Novo Testamento, como a igualdade fundamental entre homem e mulher, porque mulheres seriam mais manchadas e, portanto, mais impuras do que os homens" (LUTTERBACH. *Sexualität...*, p. 256).

tamente volta a abraçar sua mulher?" Seu julgamento aniquilador foi do seguinte teor: "Este não é o sinal da verdadeira fé, mas uma invenção de satanás"[124].

Significativamente, a pureza cultual foi também a justificativa resolutiva para as determinações sobre o celibato do II Concílio do Latrão, no ano 1139. "A fim de que a lei da continência e da pureza agradável a Deus possa continuar a difundir-se", todos os clérigos que "ousam continuar a conviver com mulheres" devem separar-se delas imediatamente[125]. Embora, muitas vezes, esta determinação não tenha sido suficientemente observada na Idade Média e no começo da Idade Moderna, a afirmação de que é necessário mãos puras para o serviço sacerdotal impôs-se no longo prazo principalmente porque a propaganda dos defensores do celibato caiu em solo fértil em um sem-número de fiéis sem instrução: "Os sacramentos de um padre que vive na impudicícia são inválidos; a hóstia que ele consagra não passa de pão; seu batismo e sua absolvição não têm valor"[126]. Certamente isto contradizia a doutrina sacramental oficial da Igreja Católica, mas na alta Idade Média, conseguiu convencer muitos fiéis.

No curso posterior da história da Igreja, o ministério das mãos puras foi repetidamente questionado, tanto no Humanismo quanto durante a Reforma. Aqueles que já não compreendiam a Ceia do Senhor como

---

124. DENZLER. *Papsttum...i,* vol. 1, p. 54.
125. II CONCÍLIO DO LATRÃO, cânone 7. In: WOHLMUTH (ed.). *Dekrete...,* vol. 2, p. 198.
126. HUIZINGA. *Herbst...,* p. 278.

sacrifício, também não precisavam de nenhum sacerdote imolador puro. Não obstante a pureza cultual fosse reiteradamente propagandeada, até o começo da Modernidade havia inúmeros padres que viviam em relacionamentos parecidos com o matrimônio. O decisivo era que a maioria dos fiéis manifestamente não se escandalizava com isso e, acima de tudo, não considerava como inválidas nem a dispensação dos sacramentos nem a celebração da Santa Missa por tais padres impuros.

Somente no século XIX chegou-se a uma nova conjuntura da pureza cultual, até então sem precedentes, que agora, na maioria das vezes, era tratada sob o chavão virgindade. O *Kirchenlexikon* [Enciclopédia da Igreja], de Wetzer-Welte, precursor do *Lexikon für Theologie und Kirche* [Enciclopédia de Teologia e Igreja], soa assim: o princípio do celibato, porém, "fundamenta-se na própria virgindade da Igreja; a Igreja virgem quer ter também um sacerdócio virgem. Enquanto o sacerdócio judaico e o pagão baseavam-se essencialmente na geração carnal, o Sumo Sacerdote virgem, Cristo, nascido da Virgem, fundou a Igreja, que se tornou seu corpo virgem, e nela, através da ordenação, em vez da geração carnal do sacerdócio, estabeleceu a virginal. Neste princípio, e nele somente, é que se deve buscar o verdadeiro fundamento de todas as leis do celibato". O autor do artigo, o canonista muniquense George Phillips, aventura-se até mesmo na afirmação de que a virgindade pertenceria "à natureza do sacerdócio cristão". No sacerdócio cristão, a "pureza virginal" é evidente, "uma vez que diariamente, do nascer do sol até seu ocaso, oferece Cristo como sacrifício incruento"[127].

Tal sobrelevação do ideal do padre virginalmente puro até então não tinha acontecido na história da Igreja. A afirmação de George Phillips de que a pureza cultual pertenceria irrenunciavelmente à natureza do sacerdócio não é respaldada pela tradição da Igreja. Esta *Invention of Tradition* [invenção de tradição], com seus exageros, é típica do catolicismo do século XIX, que devia se reinventar após a catástrofe da Revolução Francesa[128]. Quanto mais o mundo se tornava secular, tanto mais santa a Igreja devia ser. Quanto maior se tornou a importância da autorrealização sexual para as pessoas do mundo, tanto mais puros deviam tornar-se os ministros da Igreja. Quanto mais "casamento para todos" tornou-se o *slogan* da sociedade moderna – na sociedade agrária, pré-moderna quase somente agricultores patrimoniados, burgueses e nobres tinham podido casar-se[129] – tanto mais a Igreja assumia posturas virginais como contrassociedade.

---

127. PHILLIPS, G. Cölibat. *Wetzer und Welte's Kirchenlexikon*, 1884, col. 584-594; aqui, col. 584s.

128. Cf. HOBSBAWM, E.J.; RANGER, T. (eds.). *The Invention of Tradition*, 1983. Curiosamente, no contexto da homossexualidade, Rita Werden se refere também à tese de Eric Hobsbawm. Cf. WERDEN, R. Systemische Vertuschung – Zur Rede von Scham in den Stellungnahmen von Bischöfen im Kontext der Veröffentlichung der MHG-Studie. In: STRIET; WERDEN (eds.). *Theologie...*, p. 41-77; aqui, p. 68, nota 44.

129. Cf. GESTRICH, A. *Familie im 19. und 20. Jahrhundert*. Munique, 1999, p. 29s. [Enzyklopädie Deutscher Geschichte 50]. • MÜNCH, P. *Lebensformen in der frühen Neuzeit*. Frankfurt a. M., 1982, p. 270-272.

Esta linha também foi continuada no século XX, principalmente em escritos doutrinais dos papas. Assim, no ano 1935 – argumentando de maneira completamente neoplatônica – Pio XI disse que, uma vez que Deus é Espírito, "parece adequado que todo aquele que se dedica e se consagra a seu ministério, [...] 'liberte-se de seu corpo'"[130]. E Pio XII, em 1954, exortou expressamente os padres a serem sempre puros, imaculados e castos, como convém a ministros de Cristo e dispensadores dos mistérios divinos[131]. Segundo Pio XII, os dispensadores dos "mistérios divinos" abstêm-se "completamente do matrimônio" porque "servem ao altar"[132].

Hoje em dia, quase não se defende explicitamente a pureza cultual como fundamentação para o celibato obrigatório. Isso já não é possível também porque levaria automaticamente a uma nova desvalorização do matrimônio como forma de vida e sacramento. Implicitamente, porém, continua a transparecer o brilho da pureza cultual em algumas declarações de papas, bispos e leigos tradicionalistas. Ao mesmo tempo, a Congregação para a Educação Católica, em suas "Orientações Educativas para a Formação ao Celibato Sacerdotal", de 11/04/1974, rechaçou terminantemente tal conceito

---

130. PIO XI. *Carta Encíclica* Ad Catholici Sacerdoti, de 20/12/1935. In: ROHRBASSER (ed.). *Heilslehre...*, p. 800-847; aqui, p. 820.

131. PIO XII. *Exortação Apostólica* Menti nostrae, de 23/09/1950. In: ROHRBASSER (ed.). *Heilslehre...*, p. 873-919; aqui, p. 882. Nesta formulação, Pio XII refere-se ao pontifical romano para a ordenação diaconal.

132. PIO XII. *Encíclica* Sacra Virginitas, de 25/03/1954 [Disponível em https://w2.vatican.va/content/pius-xii/it/encyclicals/documents/hf_p-xii_enc_25031954_sacravirginitas.html – Acesso em 01/02/2019] [Em alemão: DENZLER. *Papsttum...*, vol. 2, p. 324s.

como justificação para a obrigatoriedade do celibato, e determinou: "Ela não é movida por razões de 'pureza ritual' ou pelo conceito de que somente por meio do celibato se pode alcançar a santificação"[133].

Com isso se conclui o círculo para o Novo Testamento. A Igreja Católica voltou ao ponto de onde partira, pois a afirmação de que "a união sexual entre homem e mulher no matrimônio os tornaria inaptos e indignos do culto não brota propriamente de fontes neotestamentárias [...] e já não é concebível hoje em dia", conforme esclareceu o estudioso de História da Igreja antiga bonense Ernst Dassmann[134].

Não se deve, porém, negligenciar que o conceito das mãos puras dizia respeito não somente aos dispensadores da Eucaristia, mas também aos receptores. A sexualidade tornava impuros não somente os padres, mas também os fiéis. Por isso, até à reforma litúrgica do Concílio Vaticano II, a estes últimos não lhes era permitido tomar a hóstia nas próprias mãos, mas recebiam-na, na língua, das mãos puras do sacerdote. Por esse motivo, por princípio, às mulheres não lhes era permitido entrar no espaço do altar, pois assim teriam tornado impura a esfera sacral. Assim, vigorava um severo mandato de jejum de diversas horas antes da recepção da Santa Comunhão, pois o consumo de

---

133. CONGREGAÇÃO PARA A EDUCAÇÃO CATÓLICA. *Orientações Educativas para a Formação ao Celibato Sacerdotal*, de 11/04/1974; aqui, 2.13 [Disponível em http://www.kathpedia.com/index.php?title=Leitgedanken_f%C3%BCr_die_Erziehung_zum_priesterlichen_Z%C3%B6libat – Acesso em 01/02/2019].

134. DASSMANN. *Diakonat...*, p. 65.

outros alimentos tornava o fiel impuro e, portanto, inapto para a recepção da sagrada refeição.

Desde o Concílio, estas prescrições para a pureza cultual dos receptores da Eucaristia estão "evidentemente sem valor para todos"[135]. Em vez da comunhão na boca, agora há a comunhão na mão; mulheres atuam obviamente como sacristãs, mulheres e homens como ministras e ministros da Eucaristia; o preceito do jejum foi, no mínimo, mitigado e, não por último, diáconos casados servem na liturgia. Um homem ordenado, que sai da cama de sua esposa, pode naturalmente realizar seu serviço no altar. Consequentemente, o princípio das mãos puras foi fundamentalmente abolido. Entretanto, se ele não vale para os receptores e distribuidores da Comunhão, por que deveria, pois, continuar a valer para o padre? O círculo, de volta ao Novo Testamento, deveria concluir-se também aqui. O que não tem propriamente origem neotestamentária, mas foi tirado de fontes estranhas, pode novamente desaparecer. Para a celebração digna da Eucaristia não é preciso padres sexualmente abstinentes.

---

135. ANGENENDT. *Motiv...*, p. 267.

5
Jesus não era estoico

O ideal do sacerdote asceta remonta a antigas
concepções de uma vida filosófica e não corresponde
ao modelo de Jesus.

Desde o início da nova era, a ascese fazia parte da
boa conduta de amplos círculos do império romano.
Quem queria ser um verdadeiro estoico e cuidava
um pouco de si, devia ser asceta. Esperava-se dele
todo um conjunto de virtudes: "Quão importante é,
no entanto, diante de iguarias finas e de alimentos
semelhantes, imaginar-se que este é o cadáver de
um peixe, este é o cadáver de um pássaro ou de um
porco e, em contrapartida, que o vinho Falernia é o
suco de uma uva, e que o manto de púrpura é a lã de
uma ovelha umedecida com sangue de um mexilhão.
E em relação aos assuntos sexuais, a fricção na vagina
e a secreção de muco associada aos espasmos. Quão
importantes são, entretanto, tais representações que
alcançam os próprios objetos e os atravessam, de
modo que se vê de que tipo eles realmente são"[136].

---

136. MARCO AURÉLIO. *Wege zu sich selbst*. Ed. e trad. por Willy
Theiler. 2. ed. Zurique/Munique, 1974, p. 127 (VI, 13).

O imperador romano Marco Aurélio, portanto, expressou com precisão, de modo apropriado, algumas ideias fundamentais da filosofia estoica com que ele próprio sabia estar comprometido. Todos os afetos deviam ser menosprezados; os prazeres carnais, acima de tudo, eram francamente ridicularizados. Com efeito, eles impediam a pessoa de libertar-se das paixões, de ser autossuficiente e inabalável. Consequentemente, o controle das emoções era uma das metas principais de algumas influentes escolas filosóficas da Antiguidade. A ocupação com a filosofia, portanto, aparece, "principalmente como terapia das paixões"[137].

Peter Brown resumiu este ideal moral-ascético da Antiguidade tardia da seguinte maneira: "Um homem que se ocupava demasiadamente com seu corpo era uma visão indigna. Era simplesmente 'sinal de um caráter ignóbil' quando alguém passava o tempo a comer, beber, dar de corpo e ter relações sexuais. Da parte de um grego nobre, nenhum julgamento podia ser mais aniquilador"[138]. Até mesmo o conceito de ascese provém da própria filosofia, como o indicou Ernst Troeltsch. Significa "a educação sistemática da virtude e da vontade à semelhança da disciplina militar e esportiva do corpo e da vontade"[139].

Uma forma de vida ascética como "renúncia voluntária a estilos de vida fundamentalmente permitidos"

---

137. HADOT, P. *Philosophie als Lebensform – Geistige Übungen in der Antike*. Berlim, 1991, p. 15, 182, nota 12, com referência a Cícero e a Porfírio.

138. BROWN. *Keuschheit...*, p. 41.

139. TROELTSCH. *Askese...*, p. 69.

devia levar a uma "forma de vida religiosa mais elevada"[140]. Com Henry Chadwick pode-se asseverar que dois princípios fundamentais determinavam a vida dos doutos no espaço não cristão na Antiguidade tardia: "1°) Aquele que goza do amor de um deus deve renunciar ao amor dos mortais; 2°) As relações sexuais maculam, e a mácula significa a presença de espíritos malignos"[141]. Ao contrário de hoje, na Antiguidade a filosofia prática tinha, em geral, um ponto de vista metafísico: o espírito humano, libertado mediante a ascese, tendia, por si mesmo, a um relacionamento mais profundo com Deus.

O processo de inculturação do cristianismo primitivo em um ambiente determinado por este ideal foi de importância decisiva para a fundamentação posterior do celibato sacerdotal. Com efeito, a inimizade essencial com o corpo e o dualismo fundamental entre corpo e alma eram, no fundo, estranhos seja ao judaísmo, seja também ao Jesus dos evangelhos. "Para *Jesus*, diferentemente de *João Batista*, a ascese moral não desempenhava nenhum papel essencial"[142]. Ao contrário: seus adversários acusavam Jesus de um estilo de vida libertino, e os fariseus chamavam-no abertamente de comilão e beberrão[143].

Entretanto, quanto mais o cristianismo, no confronto com as concepções filosóficas tardo-antigas, quis

---

140. FRANK. *Einführung...*, p. 1.
141. CHADWICK, H. Enkrateia. *Reallexikon für Antike und Christentum*, 5, 1963, p. 343-365; aqui, p. 347.
142. DENZLER. *Geschichte...*, p. 80. Destaque no original.
143. Cf. Mt 11,19.

mostrar-se religiosa e moralmente superior, tanto mais se viu forçado a aceitar as rigorosas ideias ético-ascéticas da Antiguidade pagã. No decurso da cristianização dos gregos e romanos cultos chegou-se também, como um movimento complementar, a uma helenização do cristianismo. Agora era necessário mostrar: nós, cristãos, no que concerne à ascese, podemos certamente competir com vocês, pagãos. Temos a verdadeira filosofia que excede, de longe, os conceitos de vocês, razão por que também na mortificação do corpo e, principalmente, na renúncia à sexualidade, podemos ser mais rigorosos do que vocês. Precisamente no campo da pulsão sexual é que a força de vontade e o rigor ético se afirmam, pois era uma exigência amplamente válida na Antiguidade o fato de "o verdadeiro filósofo dever também abster-se da sexualidade"[144].

Como "resultado do irresolúvel e irreversível processo de fusão entre Antiguidade e cristianismo", a "antiga moeda" da ascese pré-cristã foi "recunhada e colocada à disposição para novo uso". O campo da práxis ascética, por exemplo, foi delimitado pela escola estoica: "Alimentação, indumentária, repouso, gozo da vida, bens, vida sexual. Estas áreas permanecem como o verdadeiro domínio ascético. Aqui, em termos quantitativos, nada de novo o cristianismo pode propor. Muda-se apenas a motivação de tal agir"[145]. Todavia, o ideal ascético no cristianismo concentrou-se sempre mais fortemente no tema da castidade.

---

144. ANGENENDT. *Motiv...*, p. 248.
145. FRANK. *Einführung...*, p. 2.

Os primeiros vestígios da admissão de conceitos de uma ascese motivada ético-filosoficamente já se podem encontrar nas Cartas do Apóstolo Paulo, mas um dualismo corpo-alma, platônico ou até mesmo gnóstico, é estranho ao Apóstolo das Nações. Desde o século II, porém, principalmente grupos gnósticos do cristianismo propagavam a proibição, por princípio, do matrimônio. Eles afirmavam que, mediante ascese rigorosa e completa mortificação da carne, seria possível alcançar um conhecimento religioso mais elevado e melhor; por conseguinte, negavam todo o mundo material simplesmente como ímpio. A estes "mentirosos dissimulados", que haviam apostatado a fé cristã, a Primeira Carta a Timóteo já contrapõe uma rejeição fundamentada na teologia da criação: "Proíbem o matrimônio e o uso de certos alimentos que, no entanto, foram criados por Deus para serem tomados com ação de graças pelos fiéis e por aqueles que chegaram ao conhecimento da verdade. Pois toda criatura de Deus é boa"[146].

Apesar disso, não se pôde evitar que se impusessem continuamente na Igreja primitiva concepções de pureza ética e de alto desempenho ascético. Desse modo, Clemente de Alexandria e Orígenes, por exemplo, viam na gnose a realização ideal do cristianismo[147]. Esta pretensão ascética aplicava-se, em princípio, a todos os cristãos, mas não se fala de um rigorismo ético para os portadores de ministério. Contudo, quanto

---

146. 1Tm 4,3s.
147. Cf. SCHOLTEN, C. Gnosis. *Lexikon für Theologie und* Kirche, 1995, col. 802-809.

mais a parusia recuava, quanto mais a volta de Cristo retardava, quanto mais os cristãos se instalavam neste mundo, e o cristianismo, depois do período das perseguições no século IV, tendo se tornado finalmente até mesmo a religião do império romano, tanto menos se podia pôr em prática esses ideais ascéticos dentro das comunidades cristãs que se tornavam cada vez maiores e pormenorizadamente organizadas.

Por essa razão, aconteceu a saída dos ascetas das comunidades. Foram para o deserto, no verdadeiro sentido da palavra, para ali poderem viver, de fato, radicalmente a rejeição do mundo. Surgia o monaquismo cristão como ascese organizada. Desde o final do século III, desenvolveram-se duas formas: os eremitas queriam, a exemplo de Antônio, morto em 356, viver asceticamente, de modo radical, por conta própria, ao passo que os cenobitas, seguindo o modelo de Pacômio, morto em 346, reunidos em comunidades monásticas. Entre as atitudes ascéticas que eram exigidas de ambos os grupos estava, naturalmente, a renúncia a todo tipo de atividade sexual.

João Cassiano, falecido em 435, um dos teóricos mais importantes do monaquismo primitivo cristão, resumiu adequadamente a motivação dos ascetas quando escreveu que "o monge deveria fugir principalmente do bispo e da mulher"[148]. Os maiores perigos para o rigorismo ético, como o exigia o seguimento radical de Cristo, segundo a opinião dos ascetas, provinham da corrupção mediante o sistema eclesial e da tentação da

---

148. Citado de acordo com FRANK. *Geschichte...*, p. 16, nota 21.

sexualidade. Desenvolveu-se uma ética de dois níveis que distinguia entre ascetas organizados e comunidades cristãs organizadas. Os primeiros praticavam o ideal ético da pureza ascética, enquanto os cristãos medianos não o conseguiam em sua vida cotidiana.

Decisivo, porém, é a coerente recusa dos monges cristãos em integrar-se no sistema eclesial de ministérios e de comunidades. Acima de tudo, originalmente, eles recusavam-se com veemência a receber a ordenação sacerdotal. Por conseguinte, esses ascetas eram todos "leigos". Aqui, portanto, não havia expressamente uma conexão do celibato como desempenho ascético-ético com o sacerdócio como serviço em uma comunidade. Entendida do ponto de vista cristão, a pureza ascética teve sua origem no monacato; a castidade era – além da pobreza e da obediência – um dos três votos que freiras e monges faziam voluntariamente.

No monacato céltico se mostra até uma clara tendência que resultou em uma incompatibilidade entre ascese e ministério eclesial. Os párocos e bispos faziam parte do mundo, precisamente "padres seculares". Tal como suas comunidades, eles não eram chamados à perfeição ascética. Segundo a concepção difusa, somente monges e freiras estavam em condições de alcançar tal perfeição, visto que eles, mediante o seguimento radical de Cristo, podiam obter poderes quase sacramentais.

Destarte, Sulpício Severo, por exemplo, em sua *Vida de São Martinho de Tours,* narra muitas vezes a respeito de curas e perdão dos pecados realizados por ele. No seguimento radical de Jesus Cristo, mediante ascese e oração, o monge havia adquirido a capacidade para isso. O poder provinha, portanto, não da ordenação episcopal que São Martinho de Tours só recebeu muito tempo depois. Conforme seu biógrafo narra mais adiante nos *Dialogi*, após sua ordenação sacerdotal e episcopal, "durante sua administração ministerial episcopal, já não estavam à sua disposição, de maneira nenhuma, os mesmos poderes miraculosos [...] dos quais ele, anteriormente, [...] podia dispor"[149].

Esta afirmação de Sulpício Severo sobre o monge e asceta Martinho está cheia de força explosiva. De fato, a história da ascese organizada mostra que o ideal ascético da pureza não estava diretamente ligado à ordenação, e que os poderes não podem ser derivados apenas da ordenação, mas também da qualidade e da radicalidade ascética do seguimento. Embora para a compreensão hodierna do ministério esteja fora de dúvida de que os poderes pastorais, como o perdão dos pecados, são transmitidos mediante a ordenação, neste contexto, pelo menos Sulpício Severo parece ver a ordenação de maneira extremamente crítica quando constata que a capacidade de cura de Martinho se havia enfraquecido depois de sua ordenação. Isso pode estar relacionado ou à própria ordenação, que suprime o estado de leigo do monge, e que não é compatível com as exigências ascéticas, ou às obrigações ministeriais e tarefas de representatividade ligadas à ordenação, que

---

149. SEVERO, S. Diálogo 4,1. *Des Sulpicius Severus Schriften über den Hl. Martinus*. Kempten/Munique, 1914, p. 108 [Bibliothek der Kirchenväter].

poderiam ter impedido Martinho de Tours de arranjar tempo suficiente para a ascese e para a oração. Neste sentido, Martinho de Tours não era, de forma alguma, uma exceção que confirma proverbialmente a regra. Ao contrário: ele era o protótipo de um monge e asceta exemplar.

Após o fim da perseguição dos cristãos no império romano, mulheres e homens ascetas assumiram largamente a função dos mártires. No dia anterior à execução de um mártir que havia sido condenado à morte por causa de sua inabalável confissão de fé, era possível dirigir-se a ele para poder pedir perdão pelos pecados. De modo geral, acreditava-se que alguém que seguiu Cristo no sofrimento até à morte, quando de sua entrada no céu, podia alcançar o perdão para si e para os demais junto a Deus. No entanto, para que a monges e freiras pudessem ser atribuídas capacidades semelhantes às dos mártires, deviam ser particularmente incondicionados em sua ascese e elevá-la até um martírio incruento. Não raro foram comparados a um recipiente que, particularmente mediante ascese e oração, é preenchido com poder divino. Quanto mais intensamente alguém segue a Cristo, tanto mais este vaso se enche de graça. A asceta e o asceta podem distribuir a outros esta abundância, a fim de perdoar os pecados, curar enfermidades e realizar outros portentos. E tais desempenhos ascéticos elevados podiam ser alcançados tanto por mulheres quanto por homens.

A ideia da ascese radical caiu em solo especialmente fecundo na Irlanda, onde, no começo da Idade Média, foi criado um novo conceito de penitência. Na pesquisa se discute se ali era necessário um padre ordenado para receber a confissão dos pecados. Contudo, algo parece favorecer o fato de que principalmente os monges e as freiras mais influentes na Irlanda, especialmente abades e abadessas, atuavam como padres confessores e madres confessoras. Aparentemente, obtinha-se o poder de perdoar os pecados não por meio de uma graça objetiva da ordenação, que funcionaria independentemente da vida do dispensador, mas mediante a qualidade subjetiva do seguidor de Cristo, também e principalmente através da perfeita continência sexual.

Em todo caso, o olhar sobre Martinho de Tours e o monacato céltico mostra que na Igreja Católica, além dos poderes sacramentais que são conferidos a padres e bispos mediante a ordenação, havia poderes que eram alcançados por meio da radicalidade da ascese no seguimento de Cristo e, às vezes, superavam aqueles[150].

A concepção da *continência ascética* como conquista ética que penetrara no cristianismo passando pela filosofia tardo-antiga e encontrara seu lugar principalmente na ascese organizada do monaquismo, no decurso dos séculos III e IV, misturou-se com o tema da *pureza cultual*. A conquista ética do domínio do impulso sexual, que originalmente era apenas parte de um complexo maior dos esforços ascéticos, foi cada vez mais isolado e submetido a um inequívoco fim cultual. Os documentos eclesiais pertinentes fundamentam sua exigência ascética do celibato para padres seculares principalmente também na pureza cultual.

---

150. Cf. tb. WOLF. *Krypta...*, p. 115-128.

Desse modo, o Papa Sirício, em 385, condenou não apenas monges e freiras que nos mosteiros tivessem praticado "delito sexual" e gerado filhos e, consequentemente, foram infiéis a seu ideal ascético. Ao contrário, este critério aplicou-se também a padres seculares e a diáconos que "muito tempo depois de sua ordenação tivessem gerado descendentes tanto com suas próprias mulheres quanto também em vergonhosas relações sexuais". Em razão de seus "indecorosos desejos carnais" eles se excluiriam a si mesmos dos "veneráveis mistérios"[151].

Um estímulo essencial, que deixava transparecer a continência ascética sempre mais como condição necessária para o sacerdócio, está ligado à história posterior do desenvolvimento do monacato, e isso de duas maneiras: de um lado, membros de comunidades religiosas que, como ascetas, em todo caso haviam feito o voto de castidade, mas eram leigos, aspiravam ao Sacramento da Ordem. Deu-se uma clericalização da ascese organizada. O monge sacerdote tornou-se sempre mais a regra. Certamente não é por acaso que os papas reformistas do século XI e XII, que tentaram impor o celibato a todos os padres, tinham um pano de fundo monástico, sendo o primeiro deles Gregório VII, que era oriundo da reforma monástica cluniacense. Aqui, um voto que era assumido natural e voluntariamente por monges foi mudado em uma lei coercitiva para os clérigos seculares[152].

---

151. Sirício a Himério de Tarragona, de 10/02/385; Zechiel-Eckes, *Dekretale*, p. 97 e p. 101.

152. Cf. DENZLER. *Papsttum...*, vol. 1, p. 64-74; aqui, p. 66. •HERBERS. *Geschichte...*, p. 128.

Por outro lado, porém, também aumentavam as demandas dos fiéis por sacerdotes, como se pode mostrar mais uma vez no exemplo do desenvolvimento ulterior do monaquismo céltico. Quando, a pouco e pouco, impôs-se a convicção de que a absolvição sacramental na confissão só poderia acontecer mediante um sacerdote ordenado, os penitentes exigiam deste o mesmo rendimento ascético de monges e freiras. Embora um sacramento, visto do ponto puramente teológico, aja *ex opere operato* – isto é, independentemente do estado de graça do dispensador –, os fiéis não queriam correr riscos e buscavam apenas tais confessores que uniam a pureza ascética com a ordenação sacerdotal: perdão dos pecados duplamente assegurado. "O monge ordenado sacerdote é, evidentemente, um mediador ainda melhor porque toda a sua atividade ministerial está protegida por sua santidade pessoal, e esta é determinante"[153].

Conforme demonstrou Georg Denzler, esta argumentação foi permanentemente repetida no decorrer da história da Igreja até uma declaração do teólogo dogmático transmontano, de Mogúncia, Johann Baptist Heinrich que, em 1850, chegou ao ponto de festejar os clérigos como "representantes da Palavra encarnada", os quais "condenam o mundo e a carne, e devem pregar a vida sobrenatural e o esplendor do Espírito"[154]. Aqui

---

153. VOGT, H.J. Zur Spiritualität des frühen irischen Mönchtums. In: LÖWE, H. *Die Iren und Europa im frühen Mittelalter*. Vol. 1. Stuttgart, 1982, p. 26-51; aqui, p. 49s. [Veröffentlichungen des Europa Zentrums Tübingen. Kulturwissenschaftliche Reihe].

154. HEINRICH, J.B. *Die kirchliche Reform – Eine Beleuchtung der Hirscher'schen Schrift: "Die kirchlichen Zustände der Gegenwart"*. Mainz, 1850, p. 96.

reaparecem o ideal ascético e o dualismo corpo-alma dos antigos neoplatônicos. A única diferença é que Heinrich equipara o sóbrio filósofo tardo-antigo ao sacerdote celibatário.

Esta justificativa do celibato, porém, só pode convencer enquanto vigorarem "pressuposições antigas" de uma filosofia da ascese, "condicionadas pelo tempo". A partir do momento em que ela já não é suportada pela consciência geral dos fiéis e sob condições de vida completamente mudadas, já não é compreendida, precisa ser novamente repensada e esclarecida". Caso não se consiga isso, a lei do celibato, que exige uma capacidade ascética, torna-se "um fardo pesado para a Igreja"[155].

---

155. Cf., acertadamente, FRANZEN. *Zölibat...*, p. 15.

6
Raízes econômicas

Na Idade Média e no começo da Modernidade, o celibato garantia que os clérigos não pudessem deixar como herança para seus filhos os bens da Igreja sob seu controle.

Pureza cultual, continência ascética no seguimento de Jesus Cristo, liberdade para o cuidado pastoral mediante a renúncia a uma ligação com uma parceira e não matrimônio como dom de Deus ou carisma: tais justificativas para o celibato sacerdotal estão mais ou menos presentes no discurso público e na memória coletiva. Por outro lado, outra razão provoca grande surpresa: os interesses econômicos. A salvaguarda dos bens da Igreja era até mesmo um das razões principais para a introdução geral da lei do celibato na Igreja latina.

Esta concentração em questões econômicas certamente nada tem a ver com o ideal de pobreza vivido por Jesus, que – conforme narram os evangelhos – não tinha lugar onde pudesse repousar a cabeça. Também não corresponde à vida dos membros da comunidade primitiva de Jerusalém, a respeito dos quais diz o Livro dos Atos dos Apóstolos: "Vendiam suas propriedades e seus bens e repartiam o dinheiro entre todos, conforme a necessidade de cada um"[156].

Tal postura mudou radicalmente quando passara o período das perseguições dos cristãos e a Igreja, no século IV, finalmente tornou-se até mesmo Igreja estatal no império romano. Nesse período, desenvolveu-se em uma poderosa instituição que acumulou copiosos bens e inúmeros direitos de propriedade. Após o fim do império romano ocidental, paulatinamente a Igreja foi assumindo importantes funções como poder pacificador. Cada vez mais frequentemente, terrenos eram atribuídos factualmente à Igreja, embora inicialmente não se possuísse nenhum título legal para muitos deles. A chancelaria papal e os escriturários conventuais entendiam bem de falsificação de títulos de propriedade. No final, até mesmo os carolíngios, em torno de Pepino, deixaram-se ludibriar pela falsificação da assim chamada Doação de Constantino, segundo a qual o Imperador Constantino havia concedido ao Papa Silvestre o domínio secular sobre Roma, Itália e o império romano ocidental.

A partir do final do século IV, a fortuna eclesial, principalmente a imobiliária, não estava sujeita a nenhum imposto estatal[157]. Este privilégio permaneceu em vigor em diversos países europeus até o fim do início da Modernidade. Não raro, um terço dos terrenos de

---

156. At 2,45.
157. Cf. o panorama histórico de GATZ, E. Kirchengut und Kirchenfinanzierung im späten 18. Jahrhundert. In: GATZ, E. (ed.). *Kirchenfinanzen...*, p. 21-28; aqui, p. 22-25.

um país era propriedade de Igreja. Repetidas vezes havia queixas contra o imenso valor dos terrenos das "mãos mortas", subtraídas ao círculo econômico. Já no período da Reforma, deram-se as primeiras secularizações, portanto, expropriações de bens eclesiásticos. Contudo, somente a Revolução Francesa de 1789 e a subsequente onda de secularização em diversos países puseram fim a esta situação e estatizaram basicamente o patrimônio da Igreja. Somente os dotes paroquiais, portanto, os bens e os edifícios agrários que serviam para o financiamento do cuidado pastoral do lugar foram excluídos, na Alemanha, da secularização da fortuna mediante o Recesso Imperial de 1803, com o qual o Antigo Império foi dissolvido[158].

Naturalmente, a crescente riqueza tornou também uma carreira na Igreja sempre mais lucrativa. Ministros eclesiásticos, mediante suas prebendas, gozavam de alto prestígio e respeito. Ao mesmo tempo, no entanto, um problema estava ligado a isso: a instituição Igreja devia impedir, a todo custo, que os detentores de algum ofício assegurassem para suas famílias o patrimônio eclesiástico, principalmente terrenos. Dificilmente isso podia ser impedido durante as vidas de papas, bispos e párocos, conforme a história dos papas renascentistas põe à vista. De modo especial, Alexandre VI preocupou-se comoventemente com

---

158. Cf. LEHMANN, H. (ed.). *Säkularisierung, Dechristianisierung, Rechristianisierung im neuzeitlichen Europa. Bilanz und Perspektiven der Forschung.* Göttingen, 1997 [Veröffentlichungen des Max-Planck-Instituts für Geschichte 130]. • WOLF. *Kirchengeschichte...*, p. 99-101.

seus filhos – os Bórgias, entretanto, são aqui apenas a ponta do iceberg[159].

Mais importante do que este assim chamado nepotismo durante a vida dos funcionários, e do que sustento da família com bens eclesiásticos, era a questão da herança de prebendas. Se filhos de padres, bispos e papas herdassem bens eclesiásticos dos quais seus pais dispuseram, e também pudessem com eles prover a fins completamente diferentes, não eclesiásticos, então a Igreja corria o risco de perdê-los definitivamente. Quando, porém, o filho de um bispo ou de um pároco herdava não apenas o benefício, portanto, a sinecura, mas também o ofício, ou seja, a tarefa ou o ministério que eram financiados pelos rendimentos do benefício, havia ainda, sem dúvida, algum problema administrativo, mas pelo menos já não era uma questão possessória.

Afinal, os bens da Igreja continuaram a ser empregados para o fim que lhes correspondia originalmente: financiavam o trabalho pastoral. Por conseguinte, desde cedo houve dinastias episcopais e presbiteriais. Atesta-o, por exemplo, uma fonte para a denominada Controvérsia da Páscoa entre o Bispo Polícrates, de Éfeso, e o Bispo Vítor, de Roma, do final do século II. Polícrates advogava celebrar a Páscoa sempre no dia 14 de Nisã, e não no primeiro Domingo depois da primeira lua da primavera, conforme ambicionava a Igreja romana. A propósito, o bispo invocava a tradição "de meus parentes, dentre os quais alguns foram também

---

159. Cf. REINHARDT. *Pontifex...*, p. 463-488.

meus predecessores. Com efeito, sete de meus parentes foram bispos, e eu sou o oitavo"[160].

Desde o século VI, vários sínodos, mas também a legislação estatal procuraram reiteradas vezes impedir a herança do patrimônio da Igreja para filhos de clérigos. No caso, as decisões partiam da realidade, absolutamente evidente, da existência de filhas e filhos de padres e de bispos. Desse modo, o Sínodo de Toledo, de 531, proibiu aos clérigos disposição testamentária ou sucessória, também e precisamente em favor de seus filhos. O Sínodo de Sevilha, de 592, foi até mesmo mais longe e procurou excluir, essencialmente, filhos de padres da herança de seus pais, declarando que tais descendentes eram ilegítimos e, portanto, sem direitos legítimos à herança[161].

No Sínodo de Pavia, em 1022, o Papa Bento VIII queixou-se amargamente de que a Igreja estaria empobrecida porque párocos deixavam cada vez mais seus benefícios para seus filhos. "E porque eles, de outra sorte, nada têm, estes maus pais reservam para seus filhos, igualmente maus, sempre mais bens, patrimônios em número crescente e tudo o que se pode apoderar dos bens da Igreja". Por meio dos filhos de padres como ricos herdeiros e a "ilícita ousadia dos clérigos", a Igreja tornou-se "a mais pobre entre os

---

160. EUSEBIUS VON CAESAREA. *Kirchengeschichte...* Darmstadt, 1989, p. 268.
161. DENZLER. *Geschichte...*, p. 95.

pobres" e deveria mendigar. Por isso, o papa declarou os filhos e as filhas de padres basicamente servos[162].

A partir daí, o caminho para a lei do celibato para clérigos já não era longo. Afinal, a pergunta decisiva era: como se pode efetivamente impedir filhos legítimos de padres e, portanto, a existência de descendentes na condição clerical com direitos legítimos à herança? A resposta era clara e iluminadora, na medida em que se retira o pressuposto para a procriação de tais filhos e se declara matrimônio e sacerdócio como incompatíveis.

As controvérsias da Questão das Investiduras finalmente colocaram na mão do papado reformista as possibilidades de introduzir as determinações correspondentes. A bem da verdade, os papas não conseguiram impedir em todo lugar a participação de leigos na investidura de ministérios eclesiásticos. A este respeito, eles tiveram de fazer concessões e, por fim, garantir alguma influência aos poderosos do mundo. Contudo, puderam impor uma condição central para a assunção de um ministério eclesiástico: a promessa de celibato. Dessa maneira, tanto segundo o direito "eclesiástico" quanto de acordo com o direito "estatal", já não podia haver filhos do matrimônio e portanto, legítimos, de padres. A questão da herança parecia, assim, resolvida. Deste ponto de vista, descendentes de bispos e filhos de padres deviam ser negligenciados. Não podiam herdar e, portanto, não podiam adquirir nenhum bem da Igreja.

---

162. PAPA BENTO VIII. Prefácio à reforma do Concílio de Pavia, de 01/08/1022. In: LAUTEMANN (ed.). *Geschichte...*, p. 236-242; aqui, p. 237. Cf. tb. TELLENBACH. *Kirche...*, p. 137.

Esta lei foi regulamentada para toda a Igreja no II Concílio do Latrão, no ano 1139. No cânone 16, a herança de ministros eclesiásticos e as prebendas de clérigos para seus filhos estava expressamente proibida: "Sem dúvida, ministros eclesiásticos não são uma questão de sangue, mas de mérito. Consequentemente, a Igreja de Deus não aceita[163] ninguém como sucessor em razão de um direito de herança ou de descendência física, mas para suas tarefas de direção e de administração, ela exige pessoas sábias e piedosas. Por isso, com a autoridade apostólica, ordenamos: Ninguém deve reivindicar para si ou até mesmo reclamar, em razão de herança, Igrejas, prebendas, priorados, capelanias ou ministérios eclesiásticos em geral. Caso algum inútil ou ganancioso ainda o tente, será correspondentemente castigado e perderá o que havia reivindicado"[164].

Ironia da história: precisamente a justificação econômica do celibato, que contribuiu para que este se tornasse uma obrigação legal, favoreceu a que, acima de tudo, os simples párocos rurais praticamente não pudessem observar o celibato. Efetivamente, a remuneração dos párocos na Idade Média e no início da Modernidade não se efetuava, como hoje, de modo centralizado, com base em um imposto eclesiástico comum recolhido[165]. Ao contrário, todo pároco era obrigado a financiar a si

---

163. Aqui, o texto latino traz *exspectat*. WOHLMUTH (ed.). *Dekrete...* (vol. 2, p. 201) traduz por "deseja" o que, em minha opinião, é demasiado fraco. "Espera-se"/"Pressupõe-se"/"Aceita-se" poderiam atingir o significado com mais precisão.

164. II CONCÍLIO DO LATRÃO, cânone 16. In: WOHLMUTH (ed.). *Dekrete...i*, vol. 2, p. 201.

165. Sistema em vigor na Alemanha [N.T.].

mesmo. Além do mais, na estrutura feudal e na "ordenação agrária medieval", ele tinha à disposição fundamentalmente duas fontes de renda[166].

Uma eram as taxas excedentes que deviam ser pagas pelos fiéis, as quais, fundamentalmente, devem ser vistas como impostos pelas prestações de serviços sacerdotais. Um batizado custava exatamente o mesmo preço de um casamento; um funeral, com réquiem, o mesmo que uma missa que os parentes podiam mandar celebrar para a salvação da alma de seus mortos.

A outra e, em última instância, a base decisiva para a asseguração econômica de um pároco era, porém, sua prebenda. Quem quisesse erigir uma paróquia em seu povoado, devia inicialmente doar a assim chamada propriedade eclesiástica, portanto, colocar à disposição terrenos agrícolas, campo, prados e bosque suficientes, e um vicariato, que era, antes de mais nada, uma fazenda. O pároco era agricultor, tal como os cordeiros que lhe eram confiados. Devia viver do rendimento de sua agricultura. Sem família, dificilmente era possível administrar campos e prados, cuidar do gado e exercer a pastoral. Justamente por isso, como atestam vários relatos de visita do início da Modernidade, inúmeros párocos rurais tinham mulher e filhos, o que era largamente aceito também por seus paroquianos. Sob "tais condições ambientais", simplesmente não se podia viver o ideal angélico-ascético, conforme constatou August Franzen. "Pode-se duvidar, com boas razões, se a imagem sacerdotal do pároco agricultor, sustentada

---

166. FRANZEN. *Zölibat...*, p. 97.

e moldada pela estrutura agrária medieval da Igreja, foi adequada para levar adiante o [...] tipo de pároco asceticamente continente [...], dedicado à sua elevada tarefa espiritual"[167].

Para o príncipe-bispado de Münster, por exemplo, uma avaliação dos protocolos de visitação dos anos 1571 e 1573, resultou que quase 60% dos párocos mantinham relações semelhantes à do matrimônio e, não raro, tinham vários filhos. "A partir do concubinato, desenvolveu-se um sistema de família muito parecido com o ambiente rural ou das pequenas cidades". Sempre que, nos registros de ordenação constava que um padre havia "nascido ilegítimo", tratava-se, então, na maioria dos casos, do filho de um sacerdote, o qual frequentemente "havia assumido diretamente de seu pai a paróquia ou pelo menos tomou a profissão quase como herança"[168].

Mediante a construção de dinastias de párocos, nas quais, muitas vezes, ao longo de várias gerações, o filho do padre sempre sucedia a seu pai como pároco em determinada prebenda – isto é, paróquia –, pelo menos se preveniu a dissipação ou o desvio de finalidade dos bens da Igreja, conforme desejado pelos legisladores eclesiásticos. No entanto, de maneira completamente diferente do que se pretendia originalmente. A casa paroquial ficava com a família do pároco, seu filho "herdava-a" de fato, mas ele continuava a servir a seu fim fundacional, o financiamento da pastoral em determinada paróquia.

---

167. FRANZEN. *Zölibatsfrage...*, p. 383.
168. HOLZEM. *Konfessionsstaat...*, p. 284.

Além disso, surgiram verdadeiras redes de comunicação de famílias de padres, a fim de, por exemplo, unir filhas de párocos com filhos de párocos e assim garantir o sustento. Na abadia inferior de Münster, que abrangia a Emsland e a Oldenburger Münsterland, a exemplo da dinastia sacerdotal Dey, pôde-se mostrar que somente nos cento e vinte anos, de 1500 a 1620, cerca de vinte filhos, companheiros de filhas de padres, irmãos e sobrinhos da família puderam manter o controle de quatro paróquias do Decanato Vechta[169].

Max Weber, portanto, tem razão quando ele constatou no "fato de evitar que as prebendas se tornassem hereditárias" um fator decisivo para a introdução do celibato para os "virtuosos religiosos"[170]. No entanto, o perigo da herança dos bens eclesiásticos para os filhos dos párocos não existe hoje. A remuneração central dos párocos oriunda do imposto eclesial na Alemanha e o fato de que, hoje em dia, a maioria das paróquias já não dispõe de prebendas na forma de posse de terra, tornam simplesmente obsoleta esta justificativa, antigamente central para o celibato dos padres[171]. Um argumento principal para o celibato, portanto, simplesmente desmoronou. Por isso, a Igreja viu-se obrigada a encontrar novas justificativas espiritualizadas. Quem precisa mudar argumentações como quem troca de camisas, tem cartas ruins.

---

169. Cf. ibid., p. 285.
170. WEBER. *Wirtschaft...*, p. 363.
171. WEBER. *Wirtschaft...*, p. 363. Cf. MARRÉ, H. Die Kirchenfi nanzierung durch Kirchensteuern. In: GATZ (ed.). *Kirchenfinanzen*, p. 213-227.

7
Assumir posição na controvérsia religiosa

Na Idade Média confessional, o celibato serviu para distinguir dos protestantes.

O ano 1525 é considerado o "ano culminante" na vida de Martinho Lutero e na história do começo da Reforma[172]: em primeiro lugar, Lutero irrita-se com Erasmo de Rotterdam por causa do livre-arbítrio e, com isso, perdeu um primeiro apoiador reformista católico. Em segundo lugar, ele rompeu definitivamente com o líder camponês Thomas Müntzer, que foi executado nesse ano, e com a "ala esquerda" da Reforma. Em terceiro lugar, na Guerra dos Camponeses, desafiou os príncipes a "degolar, espancar e estrangular ilimitadamente" os agricultores que haviam invocado o evangelho para suas reivindicações sociais. Em quarto lugar, o ano 1525 testemunhou um acontecimento que deveria ser de grande importância para a história do celibato. O monge agostiniano Lutero casou-se com a freira Catarina de Bora. Não somente seu companheiro de armas Filipe Melâncton

---

172. Cf. texto conciso de LEPPIN. *Martin Luther*, p. 221-257.

estranhou esse passo. Para muitos cristãos, a atitude de Lutero era simplesmente "escandalosa"[173]. A deliberada quebra do celibato por parte do reformador era uma ocasião propícia para gravuras polêmicas do Lutero "lascivo" e de respectivos panfletos e escritos polêmicos.

No fundo, porém, o casamento de Lutero situava-se na consequência de seu pensamento teológico. Assim, já em seu manifesto À Nobreza Cristã da Nação Alemã, de 1520, ele se expressara inequivocamente contra o celibato dos párocos e o voto de castidade dos monges e freiras. A este respeito, o reformador partia da penosa situação existencial de muitos párocos: "Vemos também como o clero decaiu e muitos párocos pobres, sobrecarregados com mulher e filhos, atormentam sua consciência, mas ninguém faz algo para ajudá-los". Ele via no celibato simplesmente uma contradição com a mensagem bíblica e, por isso, exigia: "Doravante, quem se deixar ordenar [...], de modo algum faça voto ao bispo de observar a castidade, e contraponha-lhe que ele não tem nenhum poder de exigir tal voto, e que é uma tirania diabólica exigir tal coisa". E mais: Há alguns "párocos piedosos" cuja atividade pastoral ninguém poderia criticar, mas que têm uma mulher. Entretanto, visto que "ambos estão de tal modo concordes no fundo de seu coração, a ponto de quererem, de bom grado, permanecer sempre juntos em autêntica fidelidade matrimonial, se ao menos pudessem fazê-lo de boa consciência, embora devessem suportar publicamente

---

173. Ibid., p. 236.

a vergonha; os dois certamente estão casados diante de Deus"[174].

No ano seguinte, Lutero voltou ao tema dos votos religiosos e do celibato dos padres, e falou deste "celibato miserável de homens e mulheres jovens", o qual diariamente lhe revela "monstruosidades tais", que "agora nada mais odiento soa aos meus ouvidos do que o nome de freira, monge e padre. Considero o matrimônio um paraíso, posto que traga consigo as mais ásperas privações"[175].

Segundo a visão de Lutero, a obrigação do celibato contradizia inequivocamente a liberdade do evangelho. Em seu escrito *De Captivitate Babylonica* sobre os sacramentos, já em 1520, deduzia do catálogo de critérios para bispos e padres, na Primeira Carta a Timóteo – deveriam ser "homens de uma esposa" – até mesmo um *"mandato* divino para o casamento" de todos os clérigos. Costumava dizer que o Sacramento da Ordem seria uma invenção arbitrária dos papas, a qual havia transformado "o simples presbítero primitivo-cristão em um padre funcionário", e do "anunciador da Palavra casado, um sacerdote sacrifical celibatário"[176].

---

174. MARTIN LUTHER. An den christlichen Adel deutscher Nation. *D. Martin Luthers Werke – Kritische Gesammtausgabe.* Vol. 6, Weimar, 1888, p. 381-469; aqui, p. 440-442. A ortografia da edição de Weimar foi adaptada aos padrões atuais.

175. Martinho Lutero a Nikolaus Gerbel, em 01/11/1521. In: RÜCKERT, H. (ed.). *Luthers Werke in Auswahl –* Vol. 6: *Luthers Briefe.* 2. ed. Berlim, 1955, p. 75-77; aqui, p. 76s. A tradução da carta em latim foi feita pelo autor.

176. Assim resume acertadamente August Franzen a posição de Lutero. Cf. FRANZEN. *Zölibat...*, p. 25. Cf. tb. BRECHT. *Luther...*, p. 99-108, 194-209.

Os efeitos da polêmica de Lutero e de outros reformadores contra o celibato foram dramáticos. Deu-se uma verdadeira onda de casamentos no clero, e a possibilidade de casamento devia exercer papel decisivo na ulterior história da divisão das Igrejas, já pelo fato de inúmeros párocos, justamente por isso, terem-se ligado à Reforma. O matrimônio dos padres tornou-se simplesmente critério de distinção confessional que devia determinar decisivamente a discussão em torno da separação e da unidade das Igrejas cristãs durante todo o século XVI e muito além.

Outro importante sinal distintivo era o cálice aos leigos. Durante a celebração da Ceia do Senhor, originalmente ofereciam-se a todos os fiéis pão e vinho como corpo e sangue de Cristo. No decorrer do século XIII, na Igreja latina impôs-se sempre mais a práxis de os fiéis receberam apenas a hóstia, enquanto somente o padre bebia do cálice. Mesmo que, originalmente, tenham sido apresentadas razões práticas para isso, como a carência de vinho ou o perigo de infecção, no decurso do tempo se deu sempre mais uma teologização e uma ideologização desta práxis, até que, finalmente, o Concílio de Constância, de 1415, promulgou a proibição, em princípio, do cálice aos leigos. Onde leigos tinham permissão para continuar a beber do cálice da Ceia do Senhor, via-se aí em ação uma heresia depois das discussões com Jan Hus e seus seguidores. No século imediatamente anterior à Reforma, o cálice aos leigos tornou-se cada vez mais um indicador de heresia[177]. Por isso, também os reformadores que, apoiando-se na práxis de Jesus, voltaram a servir a Ceia do Senhor em ambas as espécies, caíam imediatamente sob a suspeita de serem hussitas e hereges dissimulados.

Peso semelhante tinha o casamento dos padres. Já na Assembleia de Nuremberga, de 1522/1523, cerca de um ano depois do Edito de Worms e da excomunhão contra Lutero, órgãos representativos do povo rejeitaram as exigências de Roma para que agissem contra os padres casados. A própria Igreja não era inocente no conflito "pois, de um lado, proibiu o concubinato e submeteu a transgressão do preceito do celibato a pesadas sanções pecuniárias; de outro lado, ela o tolerava desde que as coimas fossem pagas; assim, ela decididamente o legalizou na prática"[178].

O Congresso de Augsburgo, de 1530, no qual foi feita uma última tentativa séria para a superação do cisma impendente, foi de importância decisiva para a questão do matrimônio dos padres. Com esse fim, os estados imperiais evangélicos apresentaram ao imperador um documento confessional detalhado, a assim chamada *Confessio Augustana*, que resumia sua fé e suas concepções da organização da Igreja. No artigo 23, que "trata do estado civil dos padres", com argumentos tirados da Sagrada Escritura, exige-se a eliminação do celibato: uma vez que a ordem da

---

177. Cf. GANZER, K. Laienkelch I. Historisch-theologisch. *Lexikon für Theologie und Kirche*, 6, 1997, col. 600s.
178. FRANZEN. *Zölibat...*, p. 31.

criação de Deus prevê o matrimônio para o homem e a mulher, não se pode negar o matrimônio ao sacerdote. Caso ameace o perigo de "fornicação", o padre pode, em sua consciência, até mesmo ser obrigado a contrair o matrimônio, como consta a *Confessio* com referência à argumentação do Apóstolo Paulo na Primeira Carta aos Coríntios[179].

Em todo caso, as Cartas Pastorais pressupunham expressamente bispos e padres casados, que deviam ser justamente "homens de uma esposa". "Como, porém, nenhuma lei humana pode invalidar ou alterar um mandamento de Deus, assim também nenhum voto pode alterar o mandamento de Deus." Não faltava uma breve referência histórica ao fato de que a lei do celibato existia somente desde o século XII, sendo, que na prática, dificilmente teria sido observada. Na Alemanha também, havia somente 400 anos, os padres tinham sido obrigados, com violência, a deixar o estado matrimonial e fazer o voto de castidade, e eles opuseram-se a tudo isso, e até de modo tão decidido e consistente que o arcebispo de Mogúncia, que devia anunciar a determinação papal, quase foi assassinado. "De que modo, então o estado civil dos padres e dos clérigos deveria também prejudicar a Igreja de modo geral, justamente dos padres e de outros que deveriam servir a Igreja?" – esta pergunta retórica foi feita com deleite pela *Confessio Augustana*[180].

---

179. Cf. Gn 1,27; 1Cor 7,2.
180. Cf. Confessio Augustana, n. 23. In: AMT DER VEREINIGTEN EVANGELISCH-LUTHERISCHEN KIRCHE DEUTSCHLANDS

Esperavam-se pesadas discussões teológicas em Augsburg entre protestantes e católicos, pois as lacunas pareciam intransponíveis, mas se chegou a uma surpresa. Filipe Melâncton, o porta-voz das posições evangélicas e um dos principais autores da Confissão de Fé, explicou ao legado papal Lorenzo Campegio, que os protestantes estavam dispostos a obedecer à Igreja romana se estas "ninharias" como casamento de padres e cálice aos leigos fossem permitidas. Com efeito, "não temos nenhum dogma que se afaste da Igreja romana" e "veneramos também respeitosamente a autoridade do papa"[181].

Campegio reconheceu imediatamente a oportunidade. Com duas concessões no plano disciplinar, insignificâncias, de fato, em comparação com as grandes questões de disputa teológica, como a doutrina da justificação, os católicos podiam, por um preço irrisório, afastar a divisão da Igreja. O Imperador Carlos V também ficou entusiasmado com a proposta de Melâncton e pediu-lhe que pusesse por escrito suas concessões. Este já estava disposto a isso com prazer. Tudo parecia caminhar para a supressão do celibato obrigatório para sacerdotes, e a garantia do cálice aos leigos, quando veio de Roma uma inequívoca resposta negativa. Por causa desta "postura intransigente da Cúria" em relação a uma frente de batalha secundária,

---

(ed.). *Unser Glaube – Die Bekenntnisschriften der evangelisch-lutherischen Kirche*. 6. ed. Gütersloh, 2013, p. 41-97; aqui, p. 69s.

181. Epistolarum Lib. V. 1530. In: BRETSCHNEIDER, K.G. (ed.). *Corpus Reformatorum*. Vol. 2. Berlim, 1835, col. 168-171; aqui, col. 170. Cf. tb. FRANZEN. *Zölibat...*, p. 35s.

o restabelecimento da unidade da Igreja finalmente malogrou em Augsburgo[182].

Após o insucesso do Congresso de Augsburgo, Carlos V ameaçou o papa com a convocação de um concílio ecumênico. Visto que Clemente VII temia algo assim mais do que o diabo a água-benta, pediu ao Cardeal Tomás Caetano um parecer especializado sobre o tema da unidade da Igreja, a fim de tranquilizar o imperador e os reformadores dentro da Cúria romana. Já em 1518, Caetano, que pertencia à ala reformista em Roma, interrogara Lutero em Augsburgo. Quanto ao matrimônio dos padres, o cardeal chegou à conclusão de que se deveria permitir que párocos alemães tivessem mulheres, como já se havia permitido aos gregos[183]. Assim, Caetano apresentou astutamente um precedente histórico no qual os papas, em princípio, já haviam feito recurso a seu direito de dispensa. Com esta posição acomodatícia, no entanto, ele não pôde impor-se aos linhas-duras de Roma. Outros cardeais eram de opinião que somente um concílio geral poderia responder vinculativamente à questão. E visto que, na opinião deles, não haveria tal concílio, isto significava: ninguém queria tomar parte na questão. Afinal, já se tinha experiência quanto a isso.

---

182. FRANZEN. *Zölibat...*, p. 37. Cf. MÜLLER, G. Um die Einheit der Kirche – Zu den Verhandlungen über den Laienkelch während des Augsburger Reichstages, 1530. In: ISERLOH, E.; REPGEN, K. (eds.). *Reformata Reformanda*. Publicação comemorativa para Hubert Jedin, vol. 1. Münster, 1965, p. 334-427; aqui, p. 403.

183. FRANZEN. *Zölibat...*, p. 40. Cf. FRIEDENSBURG, W. Aktenstücke über das Verhalten der römischen Kurie zur Reformation 1524 und 1531. *Quellen und Forschungen aus italienischen Archiven und Bibliotheken*, 3 1900, p. 1-20; aqui, p. 16-18.

Com efeito, o concílio desejado pelo imperador e pelos representantes alemães não aconteceu porque os papas sempre encontravam novos pretextos para retardá-lo. Consequentemente, vários príncipes e também o próprio imperador consideraram permitir cada vez mais, sem autorização, o casamento de padres e o cálice aos leigos no império ou pelo menos em territórios alemães individuais que permaneceram católicos.

Um exemplo expressivo desses esforços é o do Duque Guilherme V de Jülich-Cleves-Berg, moldado por um catolicismo reformado no sentido de Erasmo de Roterdã. Em um parecer especializado de 15/12/1540, mandou que seus conselheiros declarassem que ele queria que "todos os padres [...] vivessem castamente e livres do jugo do matrimônio"; no entanto, em razão da crescente carência de padres e do largamente difuso concubinato, pediu ao papa e à Cúria generosa dispensa da lei do celibato para os padres católicos em seu ducado. Afinal, na "Igreja primitiva e, ainda hoje, na Igreja oriental, segundo o ensinamento de [São] Paulo, não é proibido um matrimônio honrado para párocos[184].

Quando Roma negou repetidamente seus pedidos, Guilherme V, autonomamente, concedeu o cálice aos leigos e permitiu que padres católicos, individualmente, contraíssem matrimônio. Durante a celebração das núpcias de seu capelão da corte, Gerhard Vels, no ano 1558, o próprio duque participou até mesmo pessoalmente. "Cálice aos leigos e matrimônio de padres" eram vistos

---

184. Citado segundo FRANZEN. Zölibat..., p. 56s.

por ele "como assuntos tão arquetipicamente católicos", que ele acreditava "já não poder fechar-se" a eles[185].

Por fim, o Concílio de Trento[186], que se realizou somente em 1545, depois de longa demora, ocupou-se com a questão do celibato em seu terceiro e último período de sessões. Fernando I, imperador do Sacro Império Romano, na verdade um defensor convicto do não matrimônio dos padres, por razões político--eclesiásticas, estava pronto a ceder quanto a esta questão. Em um "libelo reformista" de 06/06/1562, pleiteou o matrimônio dos padres e o cálice aos leigos, e exigiu também a admissão à ordenação sacerdotal de homens já casados, instruídos e piedosos[187]. O Concílio, porém, já estava tão dividido quanto à questão da comunhão do cálice, que na 22ª Sessão, de 17/09/1562, decidiu-se deixar a decisão para o papa[188]. De fato, Pio IV, em 1564, autorizou o cálice aos leigos para as províncias eclesiásticas alemãs – uma permissão que Gregório XIII, duas décadas depois, deveria novamente retirar[189].

Contudo, não se levou adiante a discussão da questão do celibato em Trento, apesar dos múltiplos pedidos

---

185. Ibid., p. 60.

186. Quanto ao Concílio de Trento, cf. os 4 volumes de JEDIN. *Geschichte...*, bem como os artigos. In: WALTER; WASSILOWSKY (ed.). *Konzil...*

187. Cf. JEDIN. *Ursprung...*, p. 510-520.

188. Cf. CONCÍLIO DE TRENTO. Decreto sobre a solicitação de concessão do cálice. In: WOHLMUTH (ed.). *Dekrete...*, vol. 3, p. 741.

189. Cf. FRANZEN. *Kelchbewegung...*, p. 72 (autorização). • FRANZEN. *Zölibat...*, p. 84 (proibição).

do imperador, porque não se vislumbrava um acordo[190]. E os papas, quanto a esse ponto, diferentemente da postura em relação ao cálice aos leigos, não estavam dispostos a fazer nenhuma concessão. Pio V, em um Breve do ano 1568, chegou até mesmo a afirmar que "a convivência permanente de um padre com uma mulher, levada adiante com fidelidade e doação conjugais" seria, em geral, responsável pelo declínio da vida eclesial e moral, e representava um "enorme fardo" para os simples fiéis de sua paróquia[191].

Os protocolos de visitação dessa época provam exatamente o contrário. Os bispos e os soberanos católicos queriam conhecer as circunstâncias em suas dioceses, e por isso enviavam comissários a cada uma das paróquias, os quais deviam registrar com precisão a vida do lugar e o relacionamento dos párocos. De acordo com as visitações, por exemplo, no bispado de Frisinga, no ano 1560, de 418 párocos fiscalizados, 154 viviam abertamente com uma mulher e tinham também filhos; 76 tinham uma concubina, mas nenhum filho; a respeito de 165, falta informação quanto ao assunto. A vida conjugal com uma mulher era vista pelos paroquianos e pelos próprios párocos como algo natural. Muitos curas d'almas notáveis eram considerados ao mesmo tempo como pais de família extraordinariamente bons. Assim, por exemplo, consta de um relato de visitação sobre o pároco de Emmering, distrito de Fürstenfeldbruck:

---

190. Cf. JEDIN. *Geschichte...*, vol. 4 /1, p. 159, p. 254s.; vol. 4/2, p. 326 (reg.).

191. Breve de Pio V ao Arcebispo Salentin, de 01/10/1568. Apud FRANZEN. *Visitationsprotokolle...*, p. 133-135; aqui, p. 134.

"É muito elogiado pela vizinhança por causa de seu comportamento. Tem uma cozinheira, dois filhos". E seu colega de Jetzendorf sustentou o testemunho: "O pároco mantém uma conduta sacerdotal. Tem uma cozinheira e sete filhos"[192].

O povo dos fiéis – ao contrário do que Roma afirmava – praticamente não se escandalizava com o matrimônio vivido pelos padres, o qual, além do mais, era legitimado amplamente pela práxis da dispensa concedida pelos bispos. Aquele que, na condição de pároco, pagasse regularmente os impostos de absolvição para mulher e filhos, recebia igualmente, de forma regular, a permissão do guia espiritual para continuar a conviver com eles. No fundo, desse modo, o concubinato foi eclesiasticamente legalizado e comercializado. Aquele que, como pároco, quisesse poupar esses impostos, unicamente por esta razão, frequentemente passava para o protestantismo. Praticamente não se constatam motivos dogmáticos para a conversão entre os párocos do interior no final do século XVI[193].

O ideal do pároco "tridentino", que era bem instruído, tinha estudado o máximo possível, dispunha pelo menos de um acervo básico dos novos livros litúrgicos como o catecismo, o breviário e o lecionário, estava consciente de sua dignidade sacerdotal particularmente elevada pelo Concílio, lidava com a hóstia consagrada

---

192. LANDERSDORFER. Bistum..., p. 103-106, 360 (Relato de visitação de Emmering), 289s. (Relato de visitação de Jetzendorf). • LUEBKE. Religion..., p. 134-166 oferece uma visão geral sobre a situação na Vestfália.

193. Cf. FRANZEN. Zölibat..., p. 88-98.

no sentido da doutrina da transubstanciação com a necessária reverência, vivia moralmente de modo exemplar e, acima de tudo, levava a sério o mandamento da castidade, só pôde estabelecer-se em muitas regiões do Sacro Império Romano da Nação Alemã com um atraso de fase de cem anos. E somente depois do fim da Guerra dos Trinta Anos entrou em ação a reforma do clero também no sentido de uma fortalecida imposição da lei do celibato[194].

Após 1648, porém, o matrimônio de padres e o cálice aos leigos tornaram-se inequivocamente sinais denominacionais[195]. Os tempos do sincretismo confessional e de uma práxis mista correspondente deveriam ter passado definitivamente. Onde havia mulheres e crianças na casa paroquial e onde, durante a Ceia do Senhor, o cálice fosse passado aos fiéis, ali se era evangélico; onde assim não fosse o caso, tinha-se diante de si um pároco católico e uma comunidade igualmente católica.

De modo particular, os jesuítas cuidaram de impor uma imagem modificada do padre. Seus colégios e universidades propagavam o ideal do sacerdote casto celibatário cuja tarefa mais importante era oferecer o Santo Sacrifício da Missa com suas mãos puras. Desse modo, o pároco encontrava-se "em uma enfática posição especial em relação à comunidade". Já não lhe era

---

194. Cf. SCHMIDT. *Konfessionalisierung...*, p. 68-75 (com detalhada discussão da literatura).

195. Quanto à questão da inequivocidade e da indiferença confessional, cf. esp. os artigos de Philipp Büttgen e Kaspar von Greyerz em PIETSCH; STOLLBERG- RILINGER (eds.). *Ambiguität*, p. 27-38, 39-61.

permitido ser agricultor entre os agricultores, mas agora era um Venerável Senhor, representante de Cristo e, por isso, devia ser saudado com "Louvado seja Jesus Cristo". Agora o padre celibatário já devia diferençar-se dos leigos comuns mediante a veste clerical, a batina e o barrete. "Infrações das regras eclesiásticas, como o concubinato, e o *habitus* profano exterior foram cada vez mais reprimidos"[196].

O celibato, como sinal distintivo do católico, ganhou peso mais uma vez no decurso do século XIX, que não debalde foi caracterizado como a época da segunda confessionalização[197]. Hoje, o decisivo sinal identitário confessional, formulado de maneira mordaz, parece bem diferente: onde um vicariato é habitado e onde em uma igreja, no domingo, realiza-se o culto, a Ceia do Senhor é celebrada e se bebe do cálice, ali há protestantes. Onde uma casa paroquial está desabitada, a Igreja transmudada em loja de departamento ou em templo cultural, e só se vê o pároco a cada ano bissexto para a celebração da Eucaristia, ali, um dia, havia católicos.

Hoje, em tempos de ecumenismo vivo, o celibato já não serve como sinal de ortodoxia. Não o foi também durante muito tempo na época da Reforma, mas foi feito assim somente na pressão antimoderna da Igreja Católica no decurso da Modernidade. Contudo, esta época da história da Igreja passou definitivamente.

---

196. HOLZEM. Konfessionelle Kulturen in katholischen Territorien. In: HOLZEM; KAUFMANN. *Zeitalter*, p. 405-419; aqui, p. 412s.

197. Cf. BLASCHKE. *19. Jahrhundert...*, p. 38-75.

Entrementes, o cálice aos leigos, que simplesmente foi durante muito tempo o segundo sinal confessional distintivo, no processo da reforma litúrgica do Concílio Vaticano II foi permitido pela Igreja Católica sem muitas cerimônias. Agora, já não existe nada do ponto de vista da história das confissões contra a admissão do matrimônio dos padres, no qual o decidido duque católico Guilherme V de Jülich-Cleves-Berg, com boas razões, enxergara uma preocupação católica.

8
Os padres também têm direitos humanos

A crítica ao celibato como atentado contra a
natureza radicalizou os aprovadores do celibato desde
o Iluminismo.

"Notícia de uma enfermidade extremamente curiosa
que o senhor Blanchet, pároco de Cours, perto de Reolle,
em Guyenne, contraiu mediante inviolável castidade".
Este era o título de um texto que apareceu em 1780,
típico do questionamento do celibato naquela época.
Em sua pequena obra autobiográfica, Blanchet descreve
como seu pai o pressionava fortemente na infância e
na juventude para que se tornasse padre. Na verdade,
ele não se sentia vocacionado para o ministério clerical
porque sempre sentiu em si "forte desejo pelo sexo
oposto". Por isso, depois da ordenação sacerdotal –
conforme se tornou claro para Blanchet somente
em retrospectiva –, construiu para si dois muros de
proteção contra a tentação sexual: uma consciência
demasiado inquieta e uma grande e penosamente
mantida distância de mulheres, em cujos olhos ele
também jamais olhava, a fim de evitar, desde o início, toda tentação. Ele exagerou de tal modo este

convulsivo entrincheiramento interior – assim deveu admitir, envergonhado, o pároco –, "que o organismo já não conseguia libertação sequer durante o sono", portanto faltavam também as poluções noturnas. Esta "intrujice contra a natureza provocou inicialmente uma elevada irritabilidade sexual, seguida de ideias fixas. Estas, por fim, desembocaram em loucura temporária, ligada, ao final, a alucinações". Por fim, Blanchet ajudava-se a si mesmo ao masturbar-se frequentemente. O pároco acreditava que a doença fora provocada "pela abundância e pela ebulição do sêmen" e, como *Emílio, ou da Educação* – uma alusão ao grande romance de formação do pedagogo vanguardista do Iluminismo Jean-Jacques Rousseau –, seguiu "o impulso da natureza e recuperou a saúde"[198].

Um argumento central da filosofia iluminista contra o celibato salta decididamente aos olhos no texto de Blanchet: a renúncia vitalícia à sexualidade é contra a natureza do ser humano e faz adoecer. Somente no encontro erótico com a mulher é que o homem se torna homem. O pároco de Cours associa-se intimamente à polêmica do Iluminismo contra o celibato tal como se encontra, por exemplo, no artigo "Celibato", de Denis Diderot, na *Encyclopédie* de 1751. Diderot afirma, recorrendo à narrativa bíblica do dilúvio, que o não matrimônio é um pecado contra a natureza, pois se as poucas pessoas da Arca de Noé não tivessem seguido o mandamento de Deus – "Sede fecundos e multiplicai-vos" –, a raça humana teria sido extinta. Por isso,

---

198. Citado segundo PICARD. *Zölibatsdiskussion...*, p. 96s.

segundo Diderot, em todos os povos havia rígidas leis contra o não matrimônio. Por conseguinte, o celibato era algo apenas para escravos e eunucos. Basicamente, isso se aplicava também ao celibato obrigatório dos padres católicos. A única diferença entre o celibato antediluviano e o católico, conforme acrescenta cinicamente Diderot, consiste em que este último seria "a obra da graça e do Espírito Santo"[199]. Entretanto, tal como os iluministas, Blanchet argumenta não apenas filosoficamente, mas também do ponto de vista das ciências naturais: consoante a concepção médica de então, o celibato contradizia o "mecanismo corporal" e a "circulação natural dos fluidos", à qual pertence a sexualidade como forte impulso natural[200].

Não admira que o Iluminismo, como corrente intelectual dominante do século XVIII, além da autoridade da Igreja Católica e do cristianismo, em princípio tenha questionado também o celibato[201]. Para aquele que colocasse argumento acima de autoridade, razão acima de fé, conhecimento verificável acima de meras tradições afirmadas, o celibato devia ser um aborrecimento. Não é à toa que Immanuel Kant havia designado o Iluminismo como a "saída do ser humano da minoridade autoinfli-

---

199. DIDEROT, D. Cölibat. *Encyclopédie ou Dictionnaire Raisonné des Sciences, des Arts et des Métiersi*, 2, 1751, p. 801-806; aqui, p. 803 [trad. alemã citada segundo PICARD. *Zölibatsdiskussion...*, p. 38].

200. PICARD. *Zölibatsdiskussion*, p. 146. A propósito da visão médico-científica, cf. VERHOEVEN. *Harmful...*, p. 244-260.

201. Quanto ao Iluminismo em geral, cf. BEUTEL, A. Aufklrung I. Geistesgeschichtlich, und II. Theologisch-kirchlich. *Religion in Geschichte und Gegenwart*, 1998, col. 629-648. Cf. tb. BEUTEL; NOOKE (eds.). *Religion*. • MÜLLER, W. *Die Aufklärung*. Munique, 2002 [Enzyklopädie Deutscher Geschichte, 61].

gida", principalmente em "assuntos religiosos", e apelou a que as pessoas se servissem da própria razão sem a guia de estranhos[202]. Para o Iluminismo, tratava-se de pensar a realidade a partir do ser humano, e não mais de Deus ou de sua Igreja. Essa virada antropológica levou finalmente à Declaração dos Direitos Humanos na Constituição americana e na Revolução Francesa. Muitos iluministas contavam entre estes direitos universais também o direito ao matrimônio, ao qual estavam impedidos até então não apenas padres e monges que viviam o celibato, mas também a maioria dos camponeses e camponesas, os diaristas nas guildas da cidade, aos quais faltavam recursos suficientes para poderem contrair matrimônio. O Iluminismo não queria deixar a salvação do ser humano para um além-túmulo cristão qualquer, mas estava convencido da factibilidade da salvação e da felicidade neste mundo. Por esse motivo, o pensamento iluminista estava sempre ligado a um grande otimismo em relação ao progresso. Tudo é factível; ser humano e mundo podem ser colocados em uma situação ideal desde que haja esforço suficiente e se erradiquem os obstáculos ao progresso.

A esta visão otimista de ser humano estava ligada uma nova mundivisão científica que postulava que o mundo, em princípio, poderia ser controlado. Era questão de redescobrir o estado natural do ser humano e descobrir a religião original natural por trás das diversas religiões. Desse modo, o monopólio da Igreja para a

---

202. KANT, I. *Was ist Aufklärung? – Ausgewählte kleine Schriften.* Ed. de von Horst D. Brandt. Hamburgo, 1999, p. 20-22; aqui, p. 20.

fundamentação do governo, do convívio social e da salvação pessoal do indivíduo estava categoricamente questionado. Conquanto não se negasse Deus antes de qualquer consideração, em todo caso ele devia levar uma vida em um nicho, como uma espécie de relojoeiro que cria e mantém em funcionamento o mecanismo do mundo, mas já não intervém alterando-o com milagres e revelações. Caso ainda houvesse, de algum modo, necessidade de um padre, então seria como cidadão com colarinho clerical e educador do povo, não mais como mediador da salvação e dispensador de sacramentos.

Naturalmente, um Iluminismo radical que negasse, basicamente, a existência de Deus e a necessidade da Igreja não era compatível com a fé católica. Inúmeros teólogos e padres católicos, porém, estavam convencidos de que a Igreja deveria levar a sério as demandas do Iluminismo[203]. A verdade dos dogmas de fé e dos mandamentos da Igreja não devia continuar a ser afirmada autoritariamente, mas fundamentada racionalmente. Afinal, Anselmo de Cantuária, no século XI, com sua famosa fórmula "fé em busca de compreensão" – *Fides quaerens intellectum* –, não deixara claro que a fé cristã, por si mesma, procura a compreensão?

Para além das verdades dogmáticas, tal como se encontram no Credo, todas as demais prescrições e costumes eclesiásticos deveriam ser submetidos à prova, a fim de, futuramente, ainda conservar o que devia ser plausivelmente fundamentado. A utilidade das tradi-

---

203. Cf. WOLF. *Aufklärung...*, p. 81-95.

ções cristãs e das prescrições eclesiásticas devia ser de importância fundamental. Caso não houvesse tal utilidade, ela devia ser mudada. Neste sentido, efetivamente havia um Iluminismo católico que, no entanto, atingiu seu ponto alto somente nos anos entre 1780 e 1830. A exigência da abolição do celibato obrigatório fazia parte de seus temas centrais, algo que, diante das premissas apresentadas, não surpreende[204].

Até o século XVIII, os críticos apresentavam argumentos tirados da Escritura e da Tradição contra o celibato e, portanto, permaneciam mais ou menos presos a modelos de argumentação intraeclesiais. Isso mudou fundamentalmente com a filosofia do Iluminismo, uma vez que para ela contavam apenas a razão e o argumento. Curiosamente, as justificativas externas apresentadas contra o celibato obrigatório dos padres pelos iluministas católicos foram amplamente assumidas no interior da Igreja. No fundo, os iluministas apresentavam, em princípio, quatro questionamentos ao celibato[205].

Em primeiro lugar, questionavam sua razoabilidade. Estavam convencidos de que uma vida celibatária constrangia os jovens sacerdotes a uma servidão em relação às autoridades superiores eclesiásticas, o que levaria a uma "falta de autonomia espiritual". Ademais, contradizia o bom-senso subtrair jovens talen-

---

204. Já o atesta um primeiro olhar sobre a extensa bibliografia; cf. BRANDL. *Theologen...*, passim.
205. Para o que se segue, cf. o estudo modelar de PICARD, *Zölibatsdiskussion...*, p. 353-357 e passim.

tosos ao processo de reprodução da sociedade, o que poderia levar a uma seleção negativa. Os iluministas não conseguiam encontrar nenhuma razão plausível para a justificação tradicional do celibato, segundo a qual o serviço do altar exigia uma pureza especial. Além do mais, o educador espiritual do povo não seria obstaculizado pelo matrimônio e pela família em seu trabalho de formação, como o demonstrava o exemplo dos párocos protestantes.

O segundo questionamento está ligado ao pensamento estatal igualitário do Iluminismo, tal como se mostra principalmente na Revolução Francesa. Um *status* clerical peculiar, que está separado do restante da sociedade mediante o sinal distintivo do celibato, impede uma sociedade civil, caracterizada pela igualdade e pela fraternidade. Consequências semelhantes podem ser tiradas da visão eclesial segundo o ideal da comunidade primitiva de Jerusalém, na qual todos os cristãos formavam uma comunidade e tinham tudo em comum. Esta imagem de Igreja parecia plenamente compatível com um ideal de sociedade moderna igualitária. Demais, temia-se que os clérigos, separados pelo celibato obrigatório, pudessem inclinar-se à reação e a contrarrevolução.

Em terceiro lugar, dizia-se que o celibato simplesmente contraria a natureza do ser humano. A esse respeito, não se tratava apenas da repressão do impulso sexual individual, como no caso de Blanchet, mas também de um atentado fundamental contra o direito natural. Aqui, sagazmente, os iluministas católicos podiam recorrer à ordem da criação de Deus no Livro do Gênesis, a qual correspondia ao postulado iluminista, e atingir a autoridade eclesial com suas próprias armas. Com efeito, a Igreja Católica também argumentava recorrendo a natureza, mais precisamente: ao direito natural. Ela apresentava como imutável mandamento divino que todo ato sexual deveria estar aberto à procriação de filhos. Se, no entanto, Deus exige de todas as pessoas que sejam fecundas, a nenhuma lei eclesiástica é permitido contradizer o inalterável direito natural.

O quarto e último questionamento é o argumento principal: o celibato contraria os direitos humanos. Destarte, Friedrich Wilhelm Carové comparou o celibato à "escravidão física e mental"[206]. Em princípio, seria profundamente desumano sonegar a um grupo de indivíduos seu direito natural à sexualidade e ao matrimônio. Este era o questionamento moral terminante ao celibato prescrito aos clérigos. A proibição impedia os padres de se tornarem pessoas moralmente maduras, esclarecidas. Os iluministas católicos brandiam o argumento segundo o qual quem tivesse de viver contrariamente à natureza e de forma inumana não podia ser também modelo de fé.

Mas não se ficou apenas em uma contestação teórica da lei do celibato. Com a Pontuação de Ems, de 25/08/1786, os arcebispos alemães defenderam o direito dos bispos contra um excessivo alongamento do primado papal e deixaram claro que também lhes cabia a competência de dispensar do preceito do celibato –

---

206. CAROVÉ. *Cölibatsgesetz...*, p. XII.

não unicamente ao papa[207]. No decurso da Revolução Francesa, a Constituição Civil do Clero, de 24/08/1790, aprovada pela Assembleia Nacional, a qual foi vista na Igreja como parte integrante do novo Estado revolucionário, declarou que nenhum ser humano devia ser impedido de contrair matrimônio. Os sacerdotes foram até mesmo expressamente estimulados a casar-se e, desse modo, expressar sua lealdade ao Estado. Quem se ativesse ao celibato, recaía sob a suspeita "de ter intenção hostil em relação ao novo sistema. Milhares de sacerdotes contraíram matrimônio, rompendo, assim, a lei do celibato eclesiástico"[208].

Como era de se esperar, o Papa Pio VI condenou a Constituição Civil como incompatível com a doutrina da Igreja. Aconteceu uma profunda divisão na Igreja francesa entre defensores e adversários da Constituição Civil, algo que Napoleão devia incondicionalmente superar se quisesse estabilizar seu governo. Em 1801, adicionalmente Pio VII estava disposto a, pelo menos, legalizar canonicamente o matrimônio de sacerdotes. Contudo, eles deviam renunciar ao exercício de suas funções sacerdotais[209].

O vigário-geral de Constança, Ignaz Heinrich von Wessenberg, considerado reformador iluminista da Igreja, em 1810 dispensou autonomamente sacerdotes do mandamento do celibato. Frabrizio Sceberas

---

207. Cf. DENZLER. *Papsttum...*, vol. 2, p. 278s.
208. Ibid., p. 281.
209. Cf. ibid., p. 282. • MARECHAUX, X. *Noces révolutionnaires – Les prêtres mariés sous la Révolution française: Le mariage des prêtres en France 1789-1815*. Paris, 2017.

Testaferrata, núncio de Lucerna, criticou-o duramente por isso. Wessenberg contestou com uma alusão ao Apóstolo Paulo: seria melhor se casar do que se arder de desejo. Seu bispo, Karl Theodor von Dalberg, primaz da Aliança do Reno, dominada por Napoleão, legitimou-o terminantemente neste procedimento, porque "nas leis eclesiásticas, o direito de dispensar por razões suficientes [...] repousa no poder original dos bispos"[210]. Tal procedimento devia ser uma das razões por que Dalberg e Wessenberg caíram em profundo descrédito em Roma. O vigário-geral de Constança encontrou seu nome até mesmo no Índex dos livros proibidos, e sua escolha como bispo de Friburgo e Rotemburgo foi impedida[211].

Após o malogro da Revolução Francesa e do fim de Napoleão, o tema "Supressão do Celibato" não estava acabado, mas precisamente na Alemanha, experimentou um novo florescimento tanto na teologia acadêmica como na prática entre os párocos nos anos vinte e trinta do século XIX, conforme o demonstram inúmeras

---

210. De Wessenberg para Sceberas Testaferrata, de 27/02/1811. *Denkschrift über das Verfahren des Römischen Hofes gegen Freiherr von Wessenberg*. Karlsruhe, 1818; citado de acordo com ROSKOVÁNY. *Coelibatus*, vol. 3, p. 215 (obs.).

211. Cf. BISCHOF, F.X. *Das Ende des Bistums Konstanz – Hochstift und Bistum Konstanz im Spannungsfeld von Säkularisation und Suppression* (1802/1803; 1821/1827). Stuttgart/Berlim/Colônia, 1989, p. 81-190 (Dalberg), p. 251-336 (Wessenberg) [Münchener Kirchenhistorische Studien 1]. • WEITLAUFF, M. Zwischen Katholischer Aufklärung und kirchlicher Restauration. Ignaz Heinrich von Wessenberg (1774-1860), der letzte Generalvikar und Verweser des Bistums Konstanz. *Rottenburger Jahrbuch für Kirchengeschichte*, 8, 1989, p. 111-132.

publicações e debates públicos[212]. Absolutamente típico da posição científica de um iluminista católico desses anos é uma crítica que foi publicada anonimamente no *Theologische Quartalschrift*, em Tubinga, e que deve ser atribuída inequivocamente a Johann Baptist Hirscher[213]. O jovem formado em teologia pastoral e moral escreveu: "Não são poucos os que são chamados à virgindade em sentido próprio; quem conseguiu, por uma graça e condução especiais, dedicar-se às coisas divinas com amor exclusivo, imediata e livremente, e colocar-se *acima* das relações sexuais? [...] Toda a grande massa dos demais clérigos não foi chamada à virgindade, e sem a bênção moral, arrasta o jugo do celibato. Sabeis quantos deles perderam a honra e a paz de espírito; sabeis quantos perderam a fé e a consciência; sabeis quantos perderam a vida temporal e a eterna na medida em que cometem transgressões carnais? – E a respeito dos demais que se abstêm, sabeis quantos recaem na ociosidade a que se acostumaram logo cedo, na aspereza temperamental e moral, na embriaguez, no vício do jogo, no embrutecimento e na mesquinhez, e assim por diante? [...] Portanto, existe uma enorme diferença entre um celibatário e uma pessoa boa. [...] Se se confere o mais elevado respeito à virgindade sob determinadas condições, sob outras circunstâncias, em contrapartida, tal respeito não pode ser esperado. Onde se quer forçá-la, recebe-se apenas suas caretas

---

212. Cf. PICARD. *Zölibatsdiskussion...*, p. 292-347.

213. Cf. LÖSCH, S. *Die Anfänge der Tübinger Theologischen Quartalschrift (1819-1831)*. Edição comemorativa ao 100º aniversário da morte de Johann Adam Mühlers. Rotemburgo, 1928, p. 66.

ou também nem sequer essas. [...] Por outro lado, o matrimônio deve ser sempre visto como moralmente benéfico para muitos clérigos e, pelo menos em nossos dias, de longe, para a maioria. Em geral, o matrimônio tem influência tão benfazeja sobre a educação das pessoas para a religiosidade e para a moralidade, que nenhuma outra instituição mundial, a este respeito, pode ser colocada junto a ele"[214].

O bispo responsável, Johann Baptist von Keller, de Rotemburgo, estava horrorizado. O Estado de Vurtemberga, precisamente três anos antes, em 1817, havia transferido a formação de seus teólogos da cidade católica Ellwangen para a puramente protestante Tubinga. Aqui, além dos candidatos ao sacerdócio, não havia católico de modo algum. Este ambiente era simplesmente ameaçador para o celibato. Se os jovens estudantes agora deviam ainda ouvir de seu Prof. Hirscher esses compactos questionamentos do celibato, do ponto de vista de Keller a catástrofe era perfeita. Em um memorando anônimo, ele pintou nas cores mais sombrias o que poderia acontecer em um encontro de seus futuros padres com estudantes protestantes da cidade em um bar: nesse caso, surgiriam também "conversas a respeito da lei do celibato existente para o clero católico. Com o escárnio daquele lado e, do outro, com a atração despertada para a insatisfação nos candidatos da posição clerical católica. Oh, que influência desvantajosa terão conversas, zombarias e

---

214. HIRSCHER. *Rezension*: *Gründe...*, p. 653s. Destaque no original.

outras provocações, em todo caso, sobre as mentes ainda tenras desses estudantes"[215].

De fato, as ideias de Hirscher tinham efeitos de grande alcance. No decênio subsequente, seus estudantes expressaram-se repetidamente contra o celibato em panfletos. Em 1830, em Ehingen, junto ao Danúbio, deu-se a fundação de uma Associação Anticelibato, da qual, com mais de cem sacerdotes, tornaram-se membros mais de 15% do clero de Rotemburgo na época. Somente com o auxílio do Estado de Vurtemburgo é que o bispo conseguiu, finalmente, reprimir o movimento[216]. De igual modo, a arquidiocese de Friburgo vivenciou uma "tempestade do celibato"[217]. E na Igreja de São Paulo, em Francoforte do Meno, em 1848, chegou-se a uma moção, apoiada por pelo menos cento e dez deputados, segundo a qual a Assembleia Nacional deveria entrar em negociações com Roma a respeito de uma "revogação da lei do celibato". Desse modo, devia-se pôr fim a "uma coação milenar, pela qual toda uma classe de cidadãos é privada de um direito natural, e que o julgamento público há muito tempo condenou como uma ofensa à lei natural e moral"[218]. A moção desencadeou fortes protestos dos representantes católicos que enxergavam aí uma intervenção desautorizada à liberdade e à autonomia interna da Igreja.

---

215. KELLER, J.B. *Stimme der Katholiken im Königreiche Wirtemberg – Wünsche und Bitten*. Gmünd, 1821.

216. Cf. HAGEN, A. *Geschichte der Diözese Rottenburg*. Vol. 1. Stuttgart, 1956, p. 104-121.

217. Cf. PICARD. *Zölibatsdiskussion...*, p. 321-323.

218. DENZLER. *Papsttum...* Vol. 2, p. 296.

No médio prazo, a crítica de Hirscher levou também a contrarreações teológicas que, alimentadas pelo idealizado entusiasmo medieval do Romantismo, esboçavam uma visão de Igreja que já poucas décadas depois devia desdobrar-se plenamente em um conceito de Igreja neoescolástico-contrailuminista. Fundamentalmente responsável por essa reviravolta foi justamente outro tubinguense, o jovem historiador da Igreja Johann Adam Möhler, ativo desde 1822 como colega de Hirscher, que via no celibato e principalmente em sua concretização no monacato o ideal da Igreja. Em sua opinião, as posições de seus professores e colegas "iluministas" aproximavam-se da heresia. De acordo com sua visão, eles haviam tirado de fontes não cristãs os argumentos contra o celibato. Somente o "princípio da solidão" e o do "celibato" possibilitaram a "doação indivisível a Deus"[219]. Para Möhler, o celibato não era algo que teria sido acrescentado secundariamente ao sacerdócio, e a virgindade representava para ele muito mais "algo original com dignidade interior"[220]. Além disso, o jovem historiador da Igreja colocou em íntima conexão a alta consideração do celibato sacerdotal e o papado: "defensores do celibato" deviam tornar-se "apologetas do primado", e os "amigos do primado tornar-se administradores do celibato"[221].

---

219. RIEGER, R. Begriff und Bewertung des Mönchtums bei Johann Adam Möhler (1796-1838). *Rottenburger Jahrbuch für Kirchengeschichte*, 6, 1987, p. 9-30; aqui, p. 12.

220. MÖHLER, J.A. *Athanasius der Grosse und die Kirche seiner Zeit*. 2 vol. Mainz, 1827; aqui, vol. 2, p. 88 [Esp. no combate ao arianismo].

221. MÖHLER. *Beleuchtung...*, p. 265.

Esta junção deveria ser de importância central para a história posterior. De fato, futuramente, não importa por que razão, quem ainda colocasse em discussão o celibato, tinha-lhe negada imediatamente também a eclesialidade.

Inversamente, a defesa do celibato sacerdotal tornou-se símbolo da fidelidade ao papa e da ortodoxia, como o demonstram pronunciamentos dos papas dos séculos XIX e XX[222]. Assim, em 1832, o Papa Gregório XVI censurava a "extremamente vergonhosa conspiração contra o celibato sacerdotal" e apelou ao povo eclesial: "Sabeis que ela se torna cada vez mais malévola. Não poucos, mesmo do clero, juntaram forças com os mais perniciosos filósofos de nossa época. Indignos e negligentes, arrebatados pelas seduções da luxúria do mundo", foram até mesmo tão longe a ponto de exigirem a eliminação desta lei[223]. Em 1846, em sua encíclica inaugural, Pio IX amaldiçoou com palavras quase idênticas a "extremamente vergonhosa conspiração contra o santo celibato dos clérigos", que havia sido posta em ação por adversários da Igreja e por padres no seio da Igreja, em uma aliança ímpia. O papa via os clérigos "entregues às tentações do mau desejo" porque eles "se esqueceram vergonhosamente

---

222. Cf., em resumo: GATZ. *Zölibat...*, p. 346-362. • LEINEWEBER. *Streit...*, passim.

223. GREGÓRIO XVI. *Encíclica* Mirari Vos, de 15/08/1832 [em italiano: disponível em https://w2.vatican.va/content/gregorius-xvi/it/documents/encyclica-mirarivos-15-augusti-1832.html – Acesso em 26/01/2019] [em alemão: UTZ; GALEN (eds.). *Sozialdoktrin...* Vol. 1, p. 136-159; aqui, p. 145].

de sua própria dignidade"[224]. E em 1908, em uma admoestação ao clero, Pio X designou a santa castidade como "um ornamento requintado de nossa condição", que todos os padres deveriam conservar incólume durante o tempo de suas vidas. "O esplendor dela torna o sacerdote semelhante aos anjos, assegura-lhe a alta estima dos fiéis e empresta ao seu ministério uma força de bênção sobrenatural"[225].

Aquilo a que os papas, interiormente, davam tanta importância como marcador de identidade positivamente insuperável, exteriormente os adversários "modernos" da Igreja Católica amaldiçoavam como traço distintivo absolutamente negativo[226]. "O celibato foi apresentado como violação da natureza humana que provocava nos clérigos tormentos corporais e mentais, levava-os à loucura ou os induzia a práticas sexuais 'perversas' como onanismo e homossexualidade, pedofilia e sodomia"[227]. Nos círculos anticlericais, os celibatários não eram considerados como homens verdadeiros, mas como tipos efeminados e feminizados, o que se mostrava também

---

224. PIO IX. *Encíclica inaugural* Qui Pluribus, de 09/11/1846 [em italiano: disponível em https://w2.vatican.va/content/pius-ix/it/documents/enciclica-qui-pluribus-9-novembre-1846.html – Acesso em 26/01/2019] [em alemão: DENZINGER; HÜNERMANN (eds.), *Kompendium...*, n. 2.785].

225. PIO X. *Exhortatio Haerent Animo*, de 04/08/1908 [em latim: *Acta Sancta Sedis*, 41, 1908, p. 562ss.] [em alemão: ROHRBASSER (ed.). *Heilslehre...*, p. 773-799; aqui, p. 795].

226. Cf. BORUTTA. *Antikatholizismus*, passim. • DITTRICH. *Antiklerikalismus...*, p. 384, p. 409 e passim. • VERHOEVEN. *Harmful...*, p. 244-260.

227. BORUTTA. *Antikatholizismus...*, p. 215.

em sua fidelidade a Roma e na ausência de resistência "masculina" contra o dogma da infalibilidade[228].

Com as mudanças intraeclesiais radicais operadas pelo Concílio Vaticano II e com os movimentos protestantes dos anos sessenta e setenta, a crítica a lei do celibato ganhou mais uma vez novo impulso. Desde os anos noventa, tornou-se um tema determinante das iniciativas "Igreja de baixo", "Somos Igreja" e "Desejos do povo da Igreja". No entanto, esta crítica intraeclesial ao celibato praticamente não conseguiu até então abalar a identificação entre celibatário e católico, firmemente sedimentada desde o século XIX, por menos plausível que esta possa der.

---

228. Cf. BERLIS. *Celibate...*, p. 61.

9
Salto para outras esferas

Visto que já não podia aventar outras fundamentações, Paulo VI enalteceu espiritualmente o celibato.

"Oh, como é grande o padre! [...] Se lhe fosse dado compreender-se a si mesmo, morreria. [...] Deus obedece-lhe: ele pronuncia duas palavras e, à sua voz, Nosso Senhor desce do céu e encerra-se numa pequena hóstia [...]. Sem o Sacramento da Ordem, não teríamos o Senhor. Quem O colocou ali naquele sacrário? O sacerdote. Quem acolheu a vossa alma no primeiro momento do ingresso na vida? O sacerdote. Quem a alimenta para lhe dar a força de realizar a sua peregrinação? O sacerdote. Quem a há de preparar para comparecer diante de Deus, lavando-a pela última vez no sangue de Jesus Cristo? O sacerdote, sempre o sacerdote. E se esta alma chega a morrer, quem a ressuscitará, quem lhe restituirá a serenidade e a paz? Ainda o sacerdote. [...] Depois de Deus, o sacerdote é tudo! [...] Ele próprio não se entenderá bem a si mesmo senão no céu"[229].

---

229. BENTO XVI. Carta do Sumo Pontífice Bento XVI para a proclamação de um Ano Sacerdotal por ocasião do 150º aniversário do *Dies*

Tais formulações provêm de João Batista Maria Vianney, nascido em 1786, nas proximidades de Lião, no sudoeste da França. Na verdade, ele não poderia ter-se tornado sacerdote, pois devido à "instrução preparatória precária e aos fracos talentos", o servo da gleba só conseguiu passar nos exames teológicos necessários com os maiores esforços[230]. Por essa razão, depois de sua ordenação sacerdotal, foi "apenas" enviado para uma comunidade de duzentas pessoas, em Ars, perto de Lião, onde ele nada podia fazer de errado. Ali, contrariando todas as expectativas, "como santo pároco de Ars" deveria tornar-se a meta de um novo movimento de peregrinação. Com efeito, em 1925, o Papa Pio XI elevou Vianney à honra dos altares.

Até mesmo para a imagem do sacerdote do século XIX, que devia afirmar-se em altercação com os ataques do Iluminismo, da Modernidade e da luta cultural, tal patética autoestilização é inusitada. Entretanto, era por si mesmo eloquente o fato de Bento XVI ter evocado à lembrança precisamente esta citação diante dos cerca de 415.000 sacerdotes da Igreja Católica universal quando, em 2009, por ocasião do 150º aniversário da morte do pároco de Ars, proclamou um

---

Natalis do Santo Cura d'Ars, João Maria Vianney, de 16/06/2009, nota 2 [Disponível em http://w2.vatican.va/content/benedict-xvi/de/letters/2009/documents/hf_ben-xvi_let_20090616_anno-sacerdotale.html – Acesso em 28/01/2019]. O Papa Bento XVI cita, com tradução própria, segundo MAPPUS, X. (ed.). *Le Curé d'Ars: Sa pensée, son coeur – Présentés par l'Abbé Bernard Nodet*. Foi Vivante, 1966, p. 98s. Trata-se de duas passagens tiradas dos capítulos: "Ensinamento sobre o Santo Sacrifício da Missa" e "Ensinamento sobre o sacerdote".

230. ZIMMERMANN, A. Vianney, Jean-Bapt. *Lexikon für Theologie und Kirche*, 10, 1938, col. 590s.; aqui, col. 590.

"Ano Sacerdotal". Ainda assim, o papa acrescentou: "Estas afirmações, nascidas do coração sacerdotal daquele santo pároco, podem parecer excessivas. Nelas, porém, revela-se a sublime consideração em que ele tinha o Sacramento da Ordem"[231].

Esta extrema sobrelevação e quase divinização do sacerdote é típica dos defensores da lei do celibato na Igreja Católica desde a metade do século XIX e alcançou, precisamente depois do Concílio Vaticano II, um novo ápice. Uma vez que para o celibato obrigatório não há nem um mandato bíblico inequívoco, nem uma prova evidente na tradição da Igreja, era-se obrigado a encontrar sempre novas justificativas. Contudo, todas elas também desmoronaram definitivamente desde o fim da época dos papas chamados Pio – com isso se quer indicar o século da tomada de posse de Pio IX, em 1846, até à morte de Pio XII, no ano 1958 – e também hoje já não são plausíveis. Mostram-se como argumentos condicionados pelo tempo, que hoje já não têm poder de persuasão.

A escritora e católica engajada Ida Friederike Görres, em seu amplamente lido *Laiengedanken zum Zölibat*[232], do ano 1962, já descreveu esta perda de plausibilidade. Da visão de conjunto resultante de uma análise histórica, "a exigência do celibato deveria perder sentido e importância". Como único caminho para salvar o

---

231. BENTO XVI. Carta do Sumo Pontífice Bento XVI para a proclamação de um Ano Sacerdotal por ocasião do 150º aniversário do *Dies Natalis* do Santo Cura d'Ars, João Maria Vianney, de 16/06/2009.

232. Ed. bras.: GÖORES, I.F. *Do celibato eclesiástico – Considerações de uma leiga*. Rio de Janeiro: Agir, 1965 [N.T.].

celibato, segundo Görres, resta somente dizer adeus às justificativas apresentadas até agora. Na sinopse do livrinho chega-se até mesmo a indagar incisivamente: "A propósito, com a superação de todas as pressuposições históricas, deve o próprio celibato desaparecer?" Ida Friederike Görres não é desta opinião. Em vez dos costumeiros motivos historicamente acumulados, ela reivindicava uma fundamentação antropológico-teológica: seria "*a imagem da pessoa* que está condicionada pelo celibato e que a condiciona, uma imagem própria e de tipo incomparável: a do sacerdote virgem Jesus Cristo". Esta concentração no Senhor faria dos sacerdotes uma "*vanguarda escatológica*" da Igreja[233].

De maneira completamente semelhante argumenta Paulo VI em sua *Encíclica* Sacerdotalis Caelibatus com o subtítulo *Sobre o celibato sacerdotal*, promulgada em 24/06/1967, significativamente na solenidade de São João Batista e, portanto, no onomástico do santo pároco de Ars. Até hoje esta encíclica é considerada como a declaração decisiva do magistério papal ordinário sobre o tema desde tempos mais recentes.

Inicialmente, o papa menciona abertamente as mais importantes objeções contra a obrigação do celibato aos sacerdotes: não há nenhuma prova na Sagrada Escritura, nenhuma origem cristã da pureza cultual e nenhuma junção dos carismas da castidade e do sacerdócio; além disso, em muitas partes da Igreja, há grande escassez de sacerdotes, e o celibato con-

---

233. GÖRRES. *Laiengedanken*, p. 16 (sinopse), 18, 35. Destaque no original.

tradiz a natureza humana[234]. Paulo VI, no entanto, não consente em uma análise crítica ou até mesmo em uma refutação desses argumentos, algo que ele não teria conseguido lograr cientificamente. Em vez disso, o papa simplesmente muda de nível, e isso logo de dupla maneira: de um lado, ele passa do estilo linguístico de argumentação para o de anúncio; de outro, em relação ao conteúdo, tacitamente ele remove as clássicas justificativas anteriores para a lei do celibato, que se avolumaram historicamente, e passa totalmente para o nível espiritual. Paulo VI declara que lhe apraz aproveitar "a ocasião que nos é oferecida pela Divina Providência", para explicar de novo as razões para o celibato de maneira mais adaptada "à mentalidade das pessoas de nosso tempo"[235]. Para isso, apresenta três justificativas espirituais para o celibato: cristológica, eclesiológica e escatológica.

Para Paulo VI, o celibato só pode ser compreendido a partir de Jesus Cristo – precisamente do ponto de vista cristológico –, do "Pontífice máximo e Sacerdote eterno, que instituiu o sacerdócio ministerial como participação do seu sacerdócio único. Portanto, o ministro de Cristo e administrador dos mistérios de Deus encontra também nele o modelo direto e o ideal supremo"[236]. Aquele a quem Cristo chama para seu seguimento por causa do Reino dos Céus "é instado a

---

234. Cf. PAULO VI. *Encíclica Sacerdotalis Caelibatus*, de 24/06/1967, n. 4-11.
235. Ibid., n. 16.
236. Ibid., n. 19.

escolher a virgindade como uma forma de vida desejável, o mistério da nova vida em Cristo"[237]. O celibato possibilita uma conformidade sempre maior à forma do amor e do sacrifício de Cristo. "Esta perspectiva [...] parece-nos [...] profunda e [...] rica de verdades especulativas e práticas"[238].

Em seguida, partindo da concepção de que a Igreja é o Corpo Místico de Cristo, Paulo VI desenvolve uma fundamentação eclesiológica para o celibato. Assim como Cristo, o "eterno sacerdote, amou a Igreja, seu Corpo, oferecendo-se inteiramente por ela"[239], assim também deve o sacerdote dedicar-se "ao serviço do Senhor Jesus e do seu Corpo místico, em plena liberdade, facilitada pela sua oferta total"[240]. "Operando em nome de Cristo, o sacerdote une-se mais intimamente à oferta, colocando sobre o altar a sua vida inteira, marcada com sinais de holocausto"[241].

Por fim, para o papa – bem como para Görres – o celibato é principalmente um sinal escatológico no qual a futura glória do céu já é tangível neste mundo. O sacerdote que vive em absoluta continência sexual é comparado até mesmo aos anjos do céu. Paulo VI cita aqui o Evangelho de Mateus: "Na ressureição não haverá homens e mulheres casando-se, mas serão como anjos no céu"[242]. A sociedade humana, concentrada

---

237. Ibid., n. 23.
238. Ibid., n. 25.
239. Ibid., n. 26.
240. Ibid., n. 27.
241. Ibid., n. 29.
242. Mt 22,30.

totalmente no aquém, e "demasiado frequentemente emaranhada nos desejos carnais", precisa deste sinal do fim dos tempos no qual é antecipada a "presença dos últimos tempos da salvação sobre a terra com o advento de um mundo novo", e assim, torna-se experimentável pelas pessoas. Desse modo, o celibato é "um sinal particular dos bens celestes"[243].

Em um *Memorandum* de 06/02/1970, oitenta e quatro professores de teologia da Alemanha, Áustria e Suíça assumiram uma postura crítica em relação às justificativas espirituais para a lei do celibato dadas por Paulo VI. Entre eles, estavam os mais importantes representantes da geração de teólogos de então, Richard Egenter, Walter Kasper, Karl Rahner e Joseph Ratzinger. Os professores criticaram o papa dizendo que sua encíclica sobre o celibato retrocedia em muitos pontos em relação à teologia do Concílio Vaticano II e não tratava absolutamente de temas decisivos. Acima de tudo, eles admiravam-se de que o papa e os bispos acreditassem dever inculcar repetidamente o celibato, embora este, conforme não se cansam de enfatizar, seja um peculiar sublime dom da graça de Deus, precisamente um sinal do céu. Quem o faz, como Paulo VI, parece "ter pouca fé na força desta recomendação do evangelho e na graça de Deus, da qual ele, em seguida, em outro lugar, novamente afirma, que *ela* – portanto, não a mera 'lei' – opera esse dom da graça de Cristo". Os bispos alemães, que até então se haviam esquivado

---

243. Cf. PAULO VI. *Encíclica* Sacerdotalis Caelibatus, de 24/06/1967, n. 34.

129

de uma discussão franca da questão, foram estimulados a entrar "em uma honesta consideração da legislação do celibato". De fato, de outra sorte, pelo menos o episcopado alemão despertaria a impressão de que "não acredita, de forma alguma, na força inerente da recomendação evangélica da vida não matrimonial por causa do Reino dos Céus, mas apenas no poder de uma autoridade formal"[244].

Contudo, os sucessores de Paulo VI e também a maioria dos bispos católicos prosseguiram coerentemente o caminho da sobrelevação espiritual do celibato dos sacerdotes. De modo especial, João Paulo II via no sacerdote, em razão de sua vida celibatária, uma "imagem viva e transparente de Cristo Sacerdote" e chegou à conclusão: "Todo sacerdote representa [...] Cristo"[245]. No caso de Karol Wojtyła, acrescenta-se adicionalmente uma dimensão marialógica particular; em Maria e em sua combinação entre maternidade biológica e virgindade, ele via um exemplo ideal para os sacerdotes do século XX que se findava. Em sua Carta da Quinta-feira Santa aos sacerdotes do mundo,

---

244. *Memorandum*, p. 70s.

245. JOÃO PAULO II. *Exortação Apostólica Pós-Sinodal* Pastores Dabo Vobis, de 25/03/1992, n. 12, 20. Cf., como exemplos de interpretações do sacerdócio espiritualmente impregnadas: BERGER, K. *Zölibat – Eine theologische Begründung*. Leipzig, 2009. • BLARER, S. *Die Kunst seelsorgerlicher Liebe – Plädoyer für einen erneuerten Zölibat*. Kevelaer, 2012, p. 22 [tese de que o celibato seria um "sinal de solidariedade para com os solteiros involuntários ou com os casados que, por quaisquer razões, não podem cultivar sua sexualidade", e um "sinal do contrafactual", do "protestativo"). • CAMISASCA, M. *Priester heute – Wird es in Zukunft noch Priester geben?* Sankt Ottilien, 2012. • DEMMER, K. *Zumutung aus dem Ewigen – Gedanken zum priesterlichen Zölibat*. Friburgo i. Br./Basel/Viena, 1991.

de 08/04/1979, formulou ele uma alta reivindicação: "Aqueles que desejam a 'secularização' da vida sacerdotal e que aplaudem as suas várias manifestações, são os que mais certamente nos abandonarão, se porventura viéssemos a sucumbir levados pela tentação; e então deixaremos de ser necessários e populares. [...] O sacerdote sempre indispensável para os homens será somente o que vive consciente do sentido pleno do seu sacerdócio: o sacerdote que crê profundamente, que professa com coragem a sua fé, que reza com fervor, [...] que serve, que realiza na própria vida o programa das Bem-aventuranças [...]"[246].

No geral, a teóloga Uta Ranke-Heinemann designou esta como uma das "mais insuficientes fundamentações" para o celibato: "Se este é o sentido da forma de vida celibatária – 'ser necessários e populares' –, com outras palavras, fazer-se interessantes, então é chegado o tempo de declarar a falência deste sistema". Desse modo o celibato "tornou-se uma ficção; tampouco a respiração artificial papal salvará o paciente"[247].

E assim pode-se duvidar se tais justificativas para o celibato correspondiam realmente "à mentalidade das pessoas" de 1967, conforme afirmava Paulo VI, e se elas hoje também correspondem[248]. Em todo caso, não contribuíram para que acontecesse um novo florescimento de vocações sacerdotais, pelo contrário:

---

246. JOÃO PAULO II. *Carta* Novo incipiente *a todos os sacerdotes da Igreja por ocasião da Quinta-feira Santa*, em 08/04/1979, n. 7.
247. RANKE-HEINEMANN. *Eunuchen...*, p. 124.
248. Cf. FISCHER. *Zeugnis...*, p. 22s., 193-208. • RIVINIUS. *Amt...*, p. 109-116.

os seminários esvaziaram-se cada vez mais. Os voos espirituais altanados também não puderam impedir que milhares de sacerdotes deixassem o ministério. Eles não conseguiram deter a erosão do meio católico, a qual já começara após a II Guerra Mundial – ou, formulando de maneira discursivo-analítica: simplesmente já não havia nenhum espaço católico de compreensão para as declarações de Paulo VI[249]. E os fiéis que, segundo a doutrina do Concílio Vaticano II, mediante os sacramentos do Batismo e da Confirmação, participam do ministério sacerdotal, profético e régio de Cristo, em todo caso são deixados de lado[250].

---

249. DAMBERG. *Abschied...*, p. 290 e passim.
250. Cf. CONCÍLIO VATICANO II. *Constituição Dogmática* Lumen Gentium *sobre a Igreja*, de 21/11/1964, n. 31.

10
É possível também sem o celibato

Nas Igrejas orientais católicas, obviamente, há padres católicos casados.

"Capelão católico com filhos." Titulava-se assim o *Westfälischen Nachrichten*, em 07/09/2009, a respeito de um novo sacerdote na unidade pastoral São João, em Altenberge, na região de Münster. A filha de Stephan Sharko tem dez meses de idade. Ela aceitou placidamente a mudança do novo capelão da unidade pastoral católica de São João, em Altenberge. Para seus pais, não foi a mesma coisa. "Ainda não esvaziamos todas as caixas", disse o sacerdote de 31 anos de idade que, a partir de agora, pertence à equipe das duas comunidades eclesiais. Contudo, chega-se ao vilarejo de Hansell mui lentamente. Ele e sua mulher Maria mudaram-se para um apartamento bem ao lado da igreja. O capelão está casado há dois anos; no mês de maio passado, foi ordenado sacerdote. "É absolutamente normal, entre nós, que os padres se casem", explicou ele. Ele é ucraniano, pertence à Igreja ucraniana greco-católica, e agora quer fazer o doutorado. Em sua terra natal, assim conta ele, 90%

dos padres são casados. Somente quem deseja ser bispo deve renunciar à família [...].

O fato de um sacerdote católico ter mulher e filho é, de fato, insólito na região da católica Münster. Correspondentemente grandes eram as incertezas na chefia do bispado a respeito de como os fiéis reagiriam a isso. No caso, o Capelão Sharko tem plena razão ao dizer que é perfeitamente normal que haja párocos casados na Igreja Católica – em todo caso, na Igreja ucraniana greco-católica a que ele pertence. E os habitantes de Altenberge parecem ser da mesma opinião. "Ainda não tive nenhuma experiência negativa; muitos se alegram", disse Sharko ao *Westfälischen Nachrichten*[251].

Se o matrimônio dos sacerdotes é a regra na Igreja ucraniana greco-católica, surge imediatamente a pergunta: por que, então, ele não é compreensivelmente possível no bispado de Münster, na Igreja Católica romana? A resposta só pode ser encontrada na exata designação da igreja do Capelão Sharko: a Igreja ucraniana greco-católica pertence às assim chamadas Igrejas ortodoxas unidas a Roma, as quais se autodenominam Igrejas orientais católicas e reconhecem também como seu superior o papa, em Roma.

A Igreja ucraniana greco-católica partilha seu rito e grande parte de sua história com as Igrejas ortodoxas. De modo geral, o ano 1054 é considerado como a hora do nascimento da ortodoxia quando se chegou ao auge

---

251. *Westfälische Nachrichten*, de 17/09/2009 [Disponível em https://www.wn.de/Munsterland/Kreis-Steinfurt/Altenberge/2009/09/Altenberge-Katholischer- Kaplan-mit-Kind – Acesso em 23/01/2019].

do cisma entre a Igreja latina do Ocidente, capitaneada por seu chefe, o papa romano, e a Igreja Ortodoxa do Oriente, chefiada por seu patriarca de Constantinopla. Isso, porém, não faz jus ao desenvolvimento histórico, com sua variedade de Igrejas ortodoxas[252]. Ao contrário, podem-se distinguir três famílias eclesiais orientais: as Igrejas assírias, que se haviam separado já antes do Concílio de Éfeso, em 431; as Igrejas antigo-orientais, que negavam o Concílio de Calcedônia, de 451, e diferenciaram-se novamente em uma ortodoxia copta, sírio-ocidental e armênia; finalmente, a ortodoxia bizantina, com toda uma multiplicidade de Igrejas autônomas como, por exemplo, a ortodoxia russa e sérvia, que se separaram de Roma justamente no ano 1054. As razões para as cisões foram tanto de natureza política quanto teológica. Dessa forma, no surgimento das duas primeiras famílias de Igrejas ortodoxas encontravam-se no proscênio principalmente questões da cristologia. Discutia-se em torno da relação entre a natureza divina e a humana na pessoa de um único Cristo.

Já é bastante difícil manter razoavelmente a visão geral sobre as variadas Igrejas ortodoxas, ou seja, as Igrejas orientais cristãs, sua doutrina e práticas litúrgicas. Apesar de tudo, algo as une: elas não estão em comunhão eclesial com a Igreja Católica romana. A

---

252. Cf. BENGA et al. *Ostkirchen...* • BREMER, T.; FELMY, K.C. Orthodoxe Kirchen. *Lexikon für Theologie und Kirche*, 7, 1998, col. 1.144-1.154. • LILIENFELD, F. Orthodoxe Kirchen. *Theologische Realenzyklopädie*, 25, 1995, p. 423-464. • SUTTNER, E.C. Ostkirchen, katholische. *Lexikon für Theologie und Kirche*, 7, 1998, col. 1.204-1.206.

questão torna-se ainda mais complicada pelo fato de que, ao longo da história da Igreja, em quase cada uma dessas cerca de duas dúzias de Igrejas ortodoxas houve reiteradas tentativas de restabelecer a unidade com a Igreja romana. Entretanto, nem uma sequer dessas Igrejas ortodoxas logrou plena "união" com Roma, de modo que, a cada vez, chegou-se a novas divisões. Na maioria dos casos, uma parte menor tornou-se, por exemplo, copta-católica e ligou-se a Roma; a maior parte permaneceu copta-ortodoxa e, portanto, separada de Roma. Foi assim também no caso da Igreja ucraniana greco-católica, que surgiu em 1596, a que pertence o Capelão Sharko. Igualmente aqui, a esmagadora maioria das comunidades permaneceu ucrariano-ortodoxa. Elas estiveram subordinadas ao Patriarca de Moscou até 2018; somente em 2019 foi erigida uma Igreja ucraniana autônoma.

A única condição que Roma impôs para o estabelecimento da plena comunhão eclesial com as Igrejas orientais uniatas era a aceitação do primado do papa e da veracidade da doutrina romana. Em contrapartida, as Igrejas uniatas tinham autorização para "conservar seus usos e costumes"[253]. Deles faziam parte não apenas a forma da liturgia e a estrutura organizacional da Igreja, mas também justamente a existência de padres casados. O Concílio Vaticano II, em seu *Decreto* Orientalium Ecclesiarum, de 21/11/1964, sobre as Igrejas orientais católicas, confirma-o solenemente quando

---

253. BREMER, T. Einleitung... In: BENGA et al. *Ostkirchen...*, p. 353-356; aqui, p. 355.

escreve que estas "sempre podem e devem observar os seus legítimos ritos litúrgicos e a sua disciplina"[254]. E no decreto sobre o ministério e a vida do sacerdote, fala-se formalmente de "meritíssimos presbíteros casados" nas Igrejas orientais católicas. O Concílio reafirmou expressamente não ter interesse nem em modificar esta legítima disciplina nem tampouco em exigir o celibato dos sacerdotes das Igrejas orientais católicas[255].

A disciplina do matrimônio sacerdotal, vinculativa para todas as Igrejas ortodoxas até hoje – pouco importa se unidas ou não a Roma –, remonta ao Concílio de Constantinopla de 691, que entrou para a história sob o nome de Trulano II. Diferentemente da Igreja romana ocidental, é considerado pelas Igrejas ortodoxas como *concílio ecumênico* geralmente vinculativo. O imperador romano-oriental Justiniano II convocou o sínodo para o Trullo, a sala de reuniões de seu palácio imperial em Bizâncio, provida com uma cúpula abobadada, a fim de realçar mais fortemente a importância da "Nova Roma" em relação ao papa, na "Antiga Roma". Mediante esta escolha de lugar, pretendia-se ostentar a grande importância do imperador para a Igreja. No Concílio, em primeiro plano encontravam-se questões sobre a liturgia e a disciplina da Igreja. A este respeito, tratava-se principalmente de tradições que se haviam desenvolvido na Igreja ocidental de maneira diferente

---

254. CONCÍLIO VATICANO II. *Decreto* Orientalium Ecclesiarum *sobre as Igrejas orientais*, de 21/11/1964, n. 6. Cf. tb. L'HUILLIER. *Sacerdoce...*, p. 210-222.
255. CONCÍLIO VATICANO II. *Decreto* Presbyterorum Ordinis *sobre o ministério e a vida dos sacerdotes*, de 07/12/1965, n. 16.

do que se deu na Igreja oriental. Por conseguinte, o papa em exercício, Sérgio I, recusou-se a subscrever e a confirmar os cânones; somente João VIII, em 878, estava disposto a finalmente aceitá-los[256]. Algumas das resoluções do Concílio referiam-se à compatibilidade entre matrimônio e sacerdócio.

O cânone 12 exigia de todo sacerdote casado que se candidatasse ao ministério episcopal a separação de sua esposa que, via de regra, devia entrar em um mosteiro[257]. Nesta determinação foi retomada uma prescrição do *Codex Justininaus*, de 535, na qual se diz: "Para o ministério episcopal, convém escolher e ordenar homens que não tenham nem filhos nem netos. Na verdade, é impossível que alguém se dedique às tarefas cotidianas, especialmente dar aos filhos a atenção que lhes cabe esperar da parte de seus pais, e, ao mesmo tempo, consagrar todo o seu zelo e todo o seu vigor espiritual à divina liturgia e às coisas da Igreja. Além do mais, enquanto algumas pessoas, em sua esperança em Deus e em prol de sua salvação, acorrem às santíssimas Igrejas e doam seus bens aos desfavorecidos e pobres, e para outros fins piedosos, é absolutamente inoportuno que os bispos utilizem estas

---

256. Cf. BAUS, K. Trullanische Synoden. *Lexikon für Theologie und Kirche*, 10, 1965, col. 381s. A datação do Trulano é de acordo com Baus.

257. No cânone, censura-se o fato de que na "África, Líbia e em outros lugares", os "presidentes amados por Deus" continuariam a conviver com suas esposas, o que teria causado escândalo; por isso, "pelo cuidado com a salvação e para melhorar o progresso das pessoas", que isso seja impedido de agora em diante. "Caso alguém seja surpreendido agindo assim, deve ser deposto." Cf. *Concilium Quinisextum*, cânone. 12, p. 197s. • McGOVERN. *Zölibat...*, p. 106.

coisas em proveito próprio ou de sua família e filhos. Uma vez, pois, que o bispo não deve estar interiormente ligado a filhos próprios por um afeto natural, mas deve ser pai espiritual de todos os fiéis, proibimos que seja ordenado bispo aquele que tiver filhos ou filhos dos filhos"[258].

No cânone 13, o Trulano trata com detalhes do celibato dos sacerdotes e determina: "Embora saibamos que na Igreja romana está em vigor o cânone segundo o qual os futuros diáconos e sacerdotes, para serem dignos da Igreja, devem fazer a promessa de abster-se de suas esposas, nós, no entanto, seguindo o antigo cânone da disciplina e perfeição apostólicas, reconhecemos como permanente o matrimônio dos clérigos, na medida em que nem dissolvemos o vínculo com suas esposas nem tampouco lhes proibimos as relações matrimoniais nos respectivos tempos". Por isso, a ninguém é permitido exigir deles a promessa de que deveriam esquivar-se de suas "legítimas esposas, a fim de que não cheguemos à situação de rebaixar o matrimônio instituído por Deus e santificado por sua presença". Aquele que quiser coagir um clérigo que vive um matrimônio válido à separação de sua esposa, deve ser deposto. De igual modo, porém, o sacerdote que quiser repudiar sua mulher "sob o pretexto de piedade" deve perder seu ministério[259].

---

258. KRÜGER, P. (ed.). *Corpus Iuris Civilis* – Vol. 2: *Codex Justinianus*. Berlim, 1954, p. 26 (I 3, 41, § 2).

259. Sínodo de Constantinopla (Trulano II) [grego/latim: DENZLER. *Papsttum...* Vol. 1, p. 152s.] [alemão: ibid., p. 32d.] Cf. tb. *Concilium Quinisextum*, cânone 13, p. 199-203.

Inflamou-se acalorada disputa a respeito da avaliação do Trulano na pesquisa acadêmica. Os defensores de uma instituição apostólica do celibato designam as decisões do Concílio como "novidade de graves consequências" e veem nelas uma ruptura da continuidade[260]. Tal como a Igreja latina, também o Oriente se ateve à disciplina da continência até o século VII. No entanto, falta uma prova histórica para essa alegada continuidade. De igual modo, as razões por que no Oriente se deveu chegar a um "desvio da tradição no Ocidente", pretextadas pelos defensores do celibato, não conseguem convencer. A acusação de que no Oriente faltou "atenção e cuidado pastoral pelo espírito e vida do clero" porque ele "estava menos bem organizado do que a Igreja latina" parece, no entanto, muito generalizada[261]. A isso se deve contrapor que a legislação imperial no Oriente regulava a disciplina eclesiástica até nos pormenores e, em caso de necessidade, impunha-se também com pesadas punições. Também pelo fato de que os ataques árabes, búlgaros e eslavos contra o Império Romano Oriental na Igreja oriental teriam tido como consequência "uma deterioração espiritual e moral"[262], conforme afirmam os promotores do celibato, não isenta de certa arrogância ocidental. Eles lamentam particularmente que as determinações do Trulano tenham levado a uma "quase obrigação do matrimônio de sacerdotes e diáconos" nas Igrejas

---

260. HEID. *Zölibat...*, p. 285.
261. McGOVERN. *Zölibat...*, p. 100
262. Ibid., p. 101.

ortodoxas e, portanto, também nas Igrejas orientais católicas uniatas em comunhão com Roma[263].

Em contrapartida, outros veem as decisões do Trulano II, de 691, alinhadas com a práxis da Igreja nas Cartas Pastorais e dos séculos anteriores, que pressupunham naturalmente sacerdotes casados. Unicamente a duração da continência sexual no matrimônio, no contexto das ações litúrgicas, da qual o Trulano também fala, foi sempre um ponto controverso[264]. Georg Denzler sublinha expressamente a concordância geral das resoluções de Constantinopla, em 691, com o I Concílio Ecumênico de Niceia, no ano 326, segundo o qual "ao presbítero casado antes da ordenação era permitido levar um matrimônio normal, e somente o bispo devia levar vida celibatária". Dado que o Trulano não foi aceito no Ocidente, em sentido jurídico houve uma ruptura da continuidade na Igreja latina e não no Oriente. Apesar da diferente legislação do celibato no Ocidente e no Oriente, "as circunstâncias reais no clero eram amplamente semelhantes": a maioria dos sacerdotes permaneceu casada e teve também filhos com suas esposas[265].

As Igrejas ortodoxas e as Igrejas orientais católicas permaneceram até hoje com as determinações de 691. A maioria dos padres diocesanos é casada. Após a ordenação diaconal, porém, já não é possível nenhum matrimônio. Também não é permitido um segundo ca-

---

263. Ibid., p. 113.
264. Cf. SODARO. *Preti...*, p. 429-442 e passim.
265. DENZLER. *Papsttum...* Vol. 2, p. 373.

samento a um padre ou diácono após a morte da esposa. Os bispos, por outro lado, provêm majoritariamente de conventos cujos membros, independentemente disso, fizeram o voto de castidade. Sacerdotes seculares casados, em compensação, já não são ordenados bispos.

Roma, principalmente durante o pontificado de João Paulo II, reiteradas vezes difundiu que a forma de vida celibatária dos padres seria mais santa e mais em conformidade com Cristo do que a forma de vida matrimonial, a fim de angariar mais padres celibatários também nas Igrejas orientais católicas. No cerne, no *Código Canônico das Igrejas orientais católicas*, editado por João Paulo II, do ano 1990, diz-se, por exemplo: "O celibato dos clérigos, escolhido por causa do Reino dos Céus e muito apropriado ao sacerdócio, deve ser altamente valorizado em todo lugar, tal como o é na tradição da Igreja; do mesmo modo, o *status* dos clérigos casados, que é confirmado na práxis da Igreja primitiva e na das Igrejas orientais ao longo dos séculos, deve ser honrado"[266].

Por certo os estudiosos falaram de um "paralelismo" de ambas as formas de sacerdócio expresso nesta redação da lei, e enfatizaram que se conseguiu integrar ambas as tradições no cânone 373[267]. Se assim o fosse, porém, as formulações deveriam, de fato, resultar mais paralelas, e não deveriam invocar o Reino dos Céus apenas para o celibato. Além disso, em um *Codex* para

---

266. *Codex Canonum Ecclesiarum Orientalium*, cânone 373. O termo "primitivo" significa a Igreja emergente/antiga.
267. Cf. NEDUNGATT. *Celibate...*, p. 140s.

as Igrejas orientais, deveriam ser invertidas as formulações e tratar primeiro da honra do matrimônio dos clérigos casados que ali têm a tradição a seu favor e, com mais de 90%, representam a óbvia maioria. Em todo caso, concede-se que os clérigos casados, "na chefia da vida familiar e na educação dos filhos", poderiam "dar um primoroso exemplo aos demais fiéis em Cristo"[268]. Deve-se também atentar para o fato de que a remuneração de párocos casados "deva ser suficiente para a manutenção de sua família"[269]. E quando um candidato casado solicita a ordenação diaconal ou presbiteral, só pode ser admitido se também houver o "consentimento da esposa por escrito"[270].

As Igrejas orientais católicas são Igrejas que fazem parte da Igreja Católica em igualdade de direitos. Seus sacerdotes casados dispõem exatamente das mesmas competências e poderes sacramentais que seus colegas do rito latino que vivem o celibato. Quando um pároco uniata celebra a Eucaristia, Cristo torna-se tão realmente presente quanto no caso da celebração de um padre católico romano. As relações sexuais com sua esposa não o tornam absolutamente impuro para a celebração dos sacramentos e não diminuem de forma alguma seus efeitos.

Isto não obstante, durante muito tempo os papas tentaram evitar que os padres das Igrejas orientais católicas desempenhassem funções litúrgicas no âm-

---

268. *Codex Canonum Ecclesiarum Orientalium*, cânone 375.
269. Ibid., cânone 390, § 1.
270. Ibid., cânone 769, § 1.

bito da Igreja Católica ocidental. Afinal, desse modo os simples fiéis ficariam sabendo que existem padres católicos casados de modo perfeitamente válido, o que atrapalharia a propaganda romana do celibato. Pela primeira vez isto se tornou um problema no final do século XIX, nos Estados Unidos, quando uma série de padres católicos rutenos, oriundos da região da atual Ucrânia, emigraram para a América, onde não havia diocese propriamente rutena. Do ponto de vista romano, portanto, surgiu o "escândalo" de uma coexistência de padres católicos casados e celibatários. Por isso, o papa proibiu, de modo geral, o estabelecimento de clérigos rutenos nos Estados Unidos, e a Congregação para as Igrejas orientais proibiu expressamente, nos anos 1929 e 1930, que padres casados de todas as Igrejas orientais exercessem quaisquer funções sacerdotais nos Estados Unidos[271].

O problema aguçou-se mais uma vez devido às expulsões e aos movimentos migratórios em consequência da Segunda Guerra Mundial, e agora emergiu também na Europa. Número cada vez maior de clérigos católicos-uniatos do Oriente vieram para as regiões ocidentais, principalmente para a Polônia e Alemanha. Aqui, não havia nem comunidades eclesiais uniatas próprias, nem bispos respectivos. Contudo, visto que cada sacerdote tem a obrigação de celebrar regularmente santas missas, conseguiu-se apenas parcialmente impedir o serviço litúrgico deles nas paróquias católicas. Contudo, tentou-se forçar ao celibato a nova geração

---

271. Cf. NEDUNGATT. *Celibate...*, p. 159-167.

de padres das Igrejas orientais católicas nessas regiões. Visto que não havia estruturas eclesiais e bispos uniatos no Ocidente, os candidatos ao sacerdócio ali deviam solicitar de um bispo católico romano a ordenação, o qual insistia na promessa do celibato como condição para a dispensação do Sacramento da Ordem. Esta práxis só foi definitivamente abandonada mediante um Decreto da Congregação para as Igrejas orientais, de 14/06/2014[272].

Hoje, sacerdotes de vários ritos orientais, frequentemente ucranianos e romenos, exercem o ministério de modo inteiramente natural nas dioceses alemãs, em parte como cura d'almas em suas próprias comunidades, em parte em paróquias católicas romanas na quais eles também celebram segundo as diretrizes do missal alemão. Não se tem conhecimento de problemas com esses padres casados, com suas mulheres e filhos. Tal como em Altenberge, na região da católica Münster, de párocos casados são manifestamente não só aceitos de maneira natural, mas até mesmo apreciados[273].

---

272. Cf. CONGREGAÇÃO PARA AS IGREJAS ORIENTAIS. Praecepta Pontificia de Clero Uxorato Orientali, de 14/06/2014. *Acta Apostolica Sedis*, 106, 2014, p. 496-499. O secretário da congregação, Cyril Vasil, publicou uma explicação minuciosa do documento no *Osservatore Romano*, de 26/02/2015.

273. Agradeço cordialmente esta importante informação ao meu colega Prof.-Dr. Thomas Bremer, Münster. Em sua *Exortação Apostólica Pós-sinodal* Amoris Laetitia, de 19/03/2015, o Papa Francisco enfatizou especialmente a competência dos sacerdotes casados. Cf. n. 202: "Nas respostas às consultações promovidas em todo o mundo, ressaltou-se que os ministros ordenados carecem, habitualmente, de formação adequada para tratar dos complexos problemas atuais das famílias; para isso, pode ser útil também a experiência da longa tradição oriental dos sacerdotes casados" [Disponível em http://w2.vatican.va/content/francesco/de/apost_exhortations/documents/

E assim, não há nada que acrescentar ao patriarca da Igreja melquita greco-católica, Maximos IV Saigh que, durante o Concílio Vaticano II, quando uma série de padres conciliares ocidentais enfatizaram a sublimidade do celibato, constatou: "Se, porém, sublinha-se a beleza do sacerdócio celibatário, não se deve destruir ou desprezar a tradição paralela e igualmente apostólica de um sacerdócio que assumiu para si os vínculos do sagrado matrimônio". E em relação às vivazes discussões em torno da abolição da lei do celibato na Igreja latina, observou ele de maneira concisa: "O sacerdócio é antes uma função do que um estado de vida. Não está ligado ao aperfeiçoamento pessoal, tal como o celibato para Deus, mas à utilidade da Igreja. O celibato pode, portanto, desaparecer se assim a utilidade do ministério eclesial o exigir. [...] Em caso de necessidade, o sacerdócio não deve sacrificar-se ao celibato, mas o celibato ao sacerdócio"[274].

papa-francesco_esortazione-ap_20160319_amorislaetitia.html – Acesso em 21/02/2019].
274. MAXIMOS IV SAIGH. *Priestertum...*, p. 303s.

11
Exceções cada vez mais numerosas

Párocos evangélicos e anglicanos casados, convertidos
ao catolicismo, receberam, com a dispensa papal, a
ordenação sacerdotal.

O que aconteceu na Igreja de Santo Agostinho, em
Mogúncia, em 22/12/1951, causou sensação mundo
afora e deixou a imprensa internacional em polvorosa.
Até mesmo os noticiários no rádio informavam a respeito: o bispo de Mogúncia, Albert Stohr, conferiu o
Sacramento da Ordem ao pastor casado Rudolf Goethe,
outrora evangélico e agora convertido ao catolicismo. Desse modo, pela primeira vez desde a divisão da
Igreja em consequência da Reforma, um cura d'almas
protestante tornou-se sacerdote católico conservando
seu matrimônio.

Inúmeros católicos ficaram horrorizados. O Bispo
Stohr recebeu toda uma série de cartas ameaçado-
ras. Assim escreveu, por exemplo, uma professora de
Düsseldorf: "Se o Sr. ordenar o insolente intruso no
santuário do celibato – como é denominado –, a maldição de Deus há de atingi-lo". E um oficial de justiça
de Mogúncia vociferou: "É uma punhalada para todos

os católicos que veneram e amam seus sacerdotes justamente em razão de sua posição excepcional (celibato) quando um pastor que vive em estado matrimonial é elevado ao *status* de sacerdote. [...] Criando-se este precedente, pavimenta-se o caminho para a eliminação do celibato". O reitor da catedral de Worms, Martin Gremm, informou a seu bispo a respeito de um "tipo de revolução palaciana" que ameaçava a diocese por causa da ordenação de Goethe; alguns fiéis teriam até mesmo exigido a deposição do bispo[275].

O Bispo Stohr e seus colaboradores estavam conscientes da natureza explosiva dessa ordenação sacerdotal. De um lado, deviam defender-se das censuras de católicos fanáticos e, de outro, não lhes convinha continuar a colocar as Igrejas protestantes umas contra as outras, as quais temiam que a permissão concedida por Roma para a ordenação de um pastor casado, originalmente evangélico, fosse parte de uma estratégia mais ampla para atrair protestantes. Stohr teve de defender-se e o fez com uma declaração à imprensa: "No dia 22 de dezembro, na igreja do Seminário de Mogúncia, o Sr. Rudolf Goethe [...] será ordenado sacerdote católico. O Sr. Goethe foi anteriormente pastor na Igreja evangélica, e há alguns anos, juntamente com sua esposa, converteu-se à Igreja Católica. Com a permissão para a ordenação, está também consentida a continuação de seu matrimônio. Por sugestão dos bispos alemães,

---

275. BRAUN, H.J. Eine aussergewöhnliche Priesterweihe. *Kirche und Leben*, n. 3, de 19/01/1992, p. 14s.; aqui, p. 15. A respeito dos antecedentes do caso de Goethe e do envolvimento de Augustin Bea e Lorenz Jaeger nas soluções pastorais, cf. MAROTTA. *Bea...*, p. 377s.

o Papa Pio XII decidiu-se pela regulamentação de tais casos, mas reservou para si, pessoalmente, a decisão de cada caso individual. A este propósito, permanece o pressuposto de que se trata da continuação de um matrimônio já existente antes da conversão. Existe um caso exatamente paralelo com o procedimento dos sacerdotes uniatas do Oriente. Dessa forma, leva-se em consideração o anseio desses homens pelo santuário, suas capacidades e experiências especiais tornam-se fecundas para o serviço da reunificação na fé e, ao mesmo tempo, evitam o perigo da propaganda ruidosa, sedutora, algo a que o papa confere a maior importância em razão da delicadeza do assunto"[276].

Quando, no final de out./2018, o bispo de Augsburgo, Konrad Zdarsa, ordenou sacerdotes dois pastores evangélicos casados, convertidos, ambos pais de família, a notícia não afligiu ninguém – exceto uns poucos fundamentalistas que, ao mesmo tempo, contestavam a autoridade do papa[277]. O comunicado conseguiu aparecer ainda na imprensa local, nos jornais da diocese e no site katholisch.de. O Bispo Zdarsa, em um sermão, tentou desdramatizar os possíveis efeitos dessa ordenação sobre a discussão então vigente sobre a admissão, em princípio, de *Viri probati* – de homens comprovados

---

276. Comunicado de imprensa de Stohr, citado segundo ibid., p. 15.
277. Cf., p. ex., as entradas no recurso de comentários no site Gloria. tv; aqui, a reação de Heilwasser, de 31/10/2018: "Nenhum sacerdote, não importa quem seja e de que cultura provenha, tem a permissão divina da liberdade do celibato. Ninguém que queira ser padre católico. Não há exceções, por mais elaboradas que sejam! A lei divina é inequívoca aqui! Tudo o mais é escamoteação da vontade de Deus e atrai sobre si o julgamento".

no matrimônio, na família e na profissão – à ordenação sacerdotal, o que realmente não deu certo. Ao mesmo tempo, ele sublinhou a legitimidade da ordenação: "A dispensa da obrigação sacerdotal do celibato foi garantida pelo Santo Padre após minucioso exame e em consonância com a natureza da lei eclesiástica segundo seu emprego já praticado em tempo mais remoto"[278].

De fato, desde 1951, os papas já dispensaram, mundo afora, mais de trezentas vezes do impedimento do matrimônio para a ordenação[279]. E Paulo VI, em sua Encíclica *Sacerdotalis Caelibatus*, de 24/06/1967, na qual inculcou a lei do celibato, salientou expressamente que "poderá admitir-se o estudo das condições peculiares de sacerdotes casados, membros de Igrejas ou comunidades cristãs ainda separadas da comunhão católica, os quais desejando aderir à plenitude desta comunhão e nela exercer o sagrado ministério, forem admitidos às funções sacerdotais"[280]. Assim, nos Estados Unidos, por exemplo, de 1982 a 1989, 37 sacerdotes casados da Igreja Episcopal[281], e em 1987, 1 pastor metodista,

---

278. Comunicado de imprensa da Diocese de Augsburgo, de 28/10/2018 [Disponível em https://bis tum-augsburg.de/Nachrichten/Von-Gott-berufen-Bischof-Konrad-hatheute-zwei-Diakone-zu-Priestern-geweiht-_id_194015 – Acesso em 04/01/2019].

279. Nos artigos de jornais, repetidamente se menciona o número de "pelo menos 300". Cf. FACIUS, G. Verheiratete katholische Priester – nicht so selten. *Die Welt*, de 08/07/2010 [Disponível em https://www.welt.de/politik/deutschland/article8368922/Verheira tete-katholische-Priester-nicht-so-selten.html; Katharina Heimeier, Priester mit Ehering]. • *Tageszeitung*, de 26/05/2007, p. 1 [disponível em http://www. taz.de/!277590/ – Acesso em 07/01/2019].

280. PAULO VI. *Encíclica* Sacerdotalis Caelibatus, de 24/06/1967, n. 42.

281. Cf. PUZA. *Viri...*, p. 20.

bem como 2 pastores luteranos foram ordenados[282].
Na Alemanha, principalmente os pontificados de João
Paulo II e de Bento XVI trouxeram toda uma série de
dispensas do celibato, por exemplo, em 1995, para Peter
Gerloff, que recebeu a ordenação sacerdotal na Catedral
de Hildesheim; em 2003 para Robert Ploss, ordenado
pelo Bispo Gerhard Ludwig Müller, de Regensburg; em
2004 para Peter Moskopf, ordenado em Hamburgo, e
em 2006, para Stefan Thiel, ordenado para a Diocese
de Dresden-Meissen. Outros casos deveriam ser cita-
dos[283]. Em 2018, além dos mencionados pastores de
Augsburgo, Francisco dispensou do celibato o antigo
pastor protestante Hartmut Constien[284].

Um caso especial configura os poucos sacerdotes
veterocatólicos convertidos à Igreja Católica. A ordenação sacerdotal deles é válida também segundo o
entendimento romano-católico porque a Igreja Veterocatólica, mediante sua associação à Igreja Católica
de Utreque, oriunda do jansenismo, no século XVII,
mantém válida sucessão apostólica e, assim, seus bispos
remontam em sequência ininterrupta aos apóstolos. Este
é um critério decisivo para o magistério oficial católico
que, no caso da Igreja Veterocatólica, que nasceu do

---

282. Cf. ibid., p. 21, nota 20.

283. A respeito de outros casos exemplificativos há uma porção de
artigos de imprensa. Uma visão geral sistemática não se encontra em
lugar algum até agora. Cf. CATTANEO (ed.). *Priester...*, p. 41s.•
HEID. *Priester...*, p. 116-125. • HILL. *Ordination...*, p. 95-100.
MAROTTA. *Bea...*, p. 377s. • RUH. *Auflockerung...*, p. 6.

284. Cf. WANNER, H. Dieser Mann ist Vater und Priester. *Mittelbaye-
rischei*, de 28/06/2018 [Disponível em https://www.mittelbayerische.
de/region/regensburgstadt-nachrichten/dieser-mann-ist-vater-und
priester-21179-art1663970.html – Acesso em 07/01/2019].

protesto contra a aprovação do dogma da infalibilidade no Concílio Vaticano I, no ano 1870, volta-se contra a própria Igreja romana católica. Deveu-se reconhecer, de má vontade, as ordenações veterocatólicas porque não se queria questionar fundamentalmente a própria legitimação magisterial. Visto que, entre os veterocatólicos, a obrigação do celibato para sacerdotes está supressa na Alemanha desde 1878, e nos Países Baixos desde 1923, os padres casados, ordenados válida e catolicamente são a regra[285].

Otto Franzmann, que em 1964 foi ordenado sacerdote veterocatólico, tornou-se o caso mais conhecido. Após sua conversão à Igreja romana católica, em 1971, Paulo VI concedeu a dispensa do celibato ao pai de dois filhos em 1973. Diferentemente de convertidos das Igrejas protestantes, Franzmann não precisou ser reordenado. O bispo de Limburgo, Wilhelm Kempf, nomeou-o administrador paroquial da Paróquia Maria Hilf de Frankfurt. O núncio papal em Bonn, Corrado Bafile, criticou asperamente o fato de Franzmann ter sido inserido na comunidade pastoral dessa maneira. Surgiram até mesmo pedidos de renúncia de Kempf. O núncio, porém, não se impôs, e mais tarde Franzmann tornou-se pároco em Oestrich e até mesmo decano na região de Rheingau[286].

---

285. Cf. NEUNER, P. Altkatholische Kirchen. *Lexikon für Theologie und Kirche*, 1, 1993, col. 468-470; aqui, col. 470.

286. Cf. Negative Polizei. *Der Spiegel*, 41, de 08/10/1973, p. 68-71 [Disponível em http://www.spiegel.de/spiegel/print/d-41871519. html]. • Getreu auf Gottes Weg. *Bistum Limburg*, de 01/07/2014 [Disponível em https://bistumlimburg.de/beitrag/getreu-auf-gottes-wegen/ – Acesso em 07/01/2019].

Mais uma vez diferente mostra-se o caso da dispensa do celibato que Bento XVI concedeu ao sacerdote da Igreja subterrânea checa Jean Kofroň em 2008. Em 1988, como homem casado, ele havia recebido a ordenação sacerdotal em segredo, visto que a Igreja Católica na Checoslováquia sofria duras perseguições. Quando a Igreja Católica subterrânea se dissolveu, depois da Queda do Muro de Berlim, muitos de seus sacerdotes tornaram-se greco-católicos, a fim de poderem continuar seu ministério sacerdotal como homens casados. Jan Kofroň foi o único que não quis converter-se. Por fim, o papa estava disposto a dispensá-lo do celibato, mas apenas sob a condição de que fosse novamente ordenado sacerdote, porque Bento XVI tinha dúvidas sobre a validade da ordenação realizada na clandestinidade. Embora lhe custasse aceitar tal condição, Kofroň finalmente estava disposto a isso[287].

Atribui-se particular importância a pastores anglicanos convertidos. Houve duas grandes ondas de conversão ao catolicismo: uma no curso do assim chamado Movimento de Oxford, no século XIX; a outra, no final do século XX e começo do século XXI, em conexão com a admissão de mulheres à ordenação

---

287. Cf. KOFROŇ, J. Warum ich einwilligte, nochmals geweiht zu werden. In: KOLLER, E. (ed.). *Die verratene Prophetie – Die tschechoslowakische Untergrundkirche zwischen Vatikan und Kommunismus.* Luzerna, 2011, p. 88-93. • MAURER, M. Priester-Ehe mit dem Segen Roms. *Nürnberger Zeitung,* de 05/03/2009 [Disponível em http://www.nordbayern.de/ressorts/priester-ehe-mitdem-segen-roms-1.623992/kommentare-7.463146]. • "Mit der Wende kamen auch Probleme". Ein Geheimpriester erinnert sich. *Radio Vatikan,* de 09/10/2009 [Disponível em http://www.radiovaticana.va/proxy/tedesco/tedarchi/2009/Oktober09/ted10.10.09.htm – Acesso em 07/01/2019].

na Igreja Anglicana. Por essa razão, a Conferência dos Bispos Católicos da Inglaterra e do País de Gales redigiu estatutos próprios para lidar com clérigos anglicanos convertidos que solicitavam a ordenação sacerdotal. Os estatutos foram aprovados pela romana Congregação para a Doutrina da fé em 02/06/1995. Por conseguinte, o bispo diocesano responsável deve preparar um dossiê sobre cada um dos candidatos à ordenação. Nos documentos deve ser constatada sua aptidão para o sacerdócio. Critérios são especialmente a estabilidade e a confiabilidade de seu matrimônio, o apoio ao desejo da ordenação por parte da esposa que, em todo caso, deveria possivelmente ser convertida, a plena afirmação da fé católica, a reputação pública geral e a integridade moral. Em seguida, deve-se esclarecer se para a plena comunhão eclesial, em tal circunstância, são necessários estudos teológicos complementares em dogmática, teologia moral, teologia sacramental e direito canônico. Outro ponto é a "conveniência" da ordenação planejada. Aqui se trata, entre outras coisas, de revelar as necessidades pastorais e uma eventual escassez de sacerdotes existente na respectiva diocese. Ademais, o bispo deve comunicar ao papa sobre esse dossiê, onde e como ele tenciona inserir o candidato na pastoral; em princípio, é possível também uma investidura, portanto, uma nomeação do pároco[288].

Na *Constituição Apostólica* Anglicanorum Coetibus, de 09/11/2009, Bento XVI erigiu o assim chamado Or-

---

288. Cf. READ. *Statues...*, p. 5-13.

dinariato Pessoal para os anglicanos convertidos à Igreja Católica porque esperava número maior de conversões. Desse modo, todos os convertidos deveriam, possivelmente, reunir-se em uma unidade eclesial própria, tal como, por exemplo, todos os soldados de um país, independentemente do lugar de destacamento, estão submissos a um bispo militar. Em sua Constituição, na verdade, o papa repete que, via de regra, também nessa prelazia pessoal somente padres celibatários devem ser admitidos, mas acena para a possibilidade fundamental da dispensa papal do celibato para pastores convertidos[289]. É falsa a afirmação de Arturo Cattaneo de que o papa, desse modo, teria criado uma solução transitória, de duração limitada, porque no documento não se fala de um prazo temporal[290].

Originalmente, os sacerdotes convertidos deveriam ser admitidos apenas na pastoral extraordinária, portanto, nos hospitais, nas instituições de pessoas com necessidades especiais ou em determinados grupos sociais. No entanto, esta restrição, entrementes, foi amplamente inobservada. Por enquanto, eles podem também atuar na pastoral ordinária e ser nomeados párocos de comunidades. Tal como no caso dos diáconos permanentes casados, que existem novamente na Igreja Católica desde o Concílio Vaticano II, aplica-se

---

289. Cf. BENTO XVI. *Constituição Apostólica* Anglicanorum Coetibus, de 09/11/2009, VI, § 2.

290. Cf. CATTANEO, A. Die katholische Kirche hat Personalordinariate für anglikanische Gläubige eingerichtet – *Öffnet sie sich damit für verheiratete Priester?* In: CATTANEO, A. (ed.). *Priester...*, p. 41s.; aqui, p. 42.

também para os sacerdotes casados a regra de que não têm permissão para recasar-se após a morte da esposa. A opinião ainda repetidamente expressa nos anos de 1950, de que o matrimônio de padres casados, por razões de pureza cultual, já não podia ser consumado depois da ordenação, ou seja, já não eram permitidas as relações sexuais, foi fundamentalmente supressa desde o Concílio Vaticano II[291].

O procedimento para uma dispensa do celibato para pastores convertidos das Igrejas evangélicas e da Igreja Anglicana se efetua normalmente em cinco etapas. Após a conversão à Igreja Católica (1), o bispo local responsável solicita do papa a dispensa (2). Após a análise, o papa dispensa da obrigação do celibato antes do matrimônio (3), e a Congregação para a Doutrina da Fé edita um rescrito correspondente para a autorização da ordenação (4). Por fim, o bispo local ordena inicialmente diácono o antigo pastor e, posteriormente, sacerdote (5).

Contudo, o que se esconde, na verdade, por trás da palavra dispensa? Uma dispensa é "a supressão da força vinculativa de uma lei meramente eclesiástica no caso específico mediante um ato administrativo". Dessa forma, por meio do ato de graça, é garantida uma "exceção ao direito vigente", à qual

---

291. Cf. tb. o comentário do secretário da Congregação para as Igrejas orientais, Cyril Vasil, ao DECRETO. No *Osservatore Romano* de 26/02/2015, ele escreve que hoje, no Ocidente, padres casados provenientes da Igreja Anglicana que, em seguida, foram ordenados na Igreja Católica latina, exercem seu ministério junto aos fiéis ocidentais e no clero latino sem o menor problema.

não há nenhum direito legal[292]. No direito estatutário moderno, que o direito canônico segue amplamente desde a aprovação do *Codex Iuris Canonici* de 1917, tal procedimento não é previsto. Uma lei vigora em princípio, uma norma jurídica possui "força vinculante" geral[293]. Evidencia-se que a práxis da dispensa, afinal de contas, rompe o sistema legalista; seria possível dizer que ela representa um último remanescente do direito canônico pré-codificador, com sua jurisprudência dinâmica. Provavelmente, talvez deva ser comparada com o direito do presidente americano de conceder o perdão a um grave criminoso condenado à morte segundo o direito e a lei.

Até 1917, no interesse da salvação da alma de cada fiel, no direito canônico tratava-se em primeiro lugar de fazer jus a cada situação individual por mais complexa que fosse. O sistema judicial e a ciência do direito canônico dispunham, portanto, de muito espaço para interpretação, e sua tarefa foi definida antes de mais nada como pastoral. Visto que um código civil inflexível, com regulações gerais, válido uma vez por todas, não existia, os juízes ficavam dependentes das decisões individuais, que podiam ser muito divergentes, e suas coleções. A mais importante dessas coleções era o *Corpus Iuris Canonici*. Quem abre um manual do direito canônico mais antigo, de antes de 1917,

---

292. Cf. LÜDICKE, K. Dispens. *Lexikon für Theologie und Kirchei*, 3, 1995, col. 265s.; aqui, col. 265. Cf. tb. SÄGMÜLLER. *Lehrbuch*, p. 101-103.

293. MÖRSDORF. *Kirchenrecht...* Vol. 1, p. 174.

percebe imediatamente a descomunal variedade das possibilidades de solução[294].

No curso da onda de codificação no direito estatal no século XIX e começo do século XX – do Código Civil da França [ou Código Napoleônico] ao Bürgerlichen Gesetzbuch [Código Civil da Alemanha] –, a Igreja Católica também apresentou pela primeira vez, em 1917, um código de leis oficial uniforme, universalmente válido. Deveria ser imediatamente óbvio que o direito canônico anterior oferecia consideravelmente mais possibilidades de decisões. Reminiscências desta justiça de casos particulares foram conservadas no sistema de dispensa da Igreja Católica. Contudo, ainda não foi escrita uma história realmente abrangente das dispensas.

Assim, por exemplo, desde 1975, todo pároco pode dispensar do impedimento ao matrimônio em razão da diferença confessional, ao passo que os noivos, no caso do impedimento ao matrimônio devido à diferença de religiões, devem dirigir-se ao bispo. Certamente está claro que uma dispensa só é possível "em leis meramente eclesiásticas", não, porém, em prescrições do direito divino[295].

O canonista de Tubinga Richard Puza demonstrou que até o *Codex Iusis Canonici* de 1917, não havia o "impedimento à ordenação do *vir uxoratus*", do homem

---

294. Hans Erich Feine, em sua *História jurídica eclesiástica*, que se tornou obra padrão, elogiou a "admirável maleabilidade e adaptabilidade" do direito pré-codificador. Cf. FEINE. *Rechtsgeschichte...*, p. 242. Cf. tb. SÄGMÜLLER. *Lehrbuch...*, p. 126-144.

295. LÜDICKE, K. Dispens. *Lexikon für Theologie und Kirche*, 3, 995, col. 265.

casado. Ao contrário, o *Corpus Iuris Canonici* pressupunha que apenas "bígamos que contraíram o matrimônio com duas ou mais mulheres" são inaptos para
a ordenação. Esta formulação ainda constava também
da primeira redação do *Codex*. Contudo, "modifican-
do-se o direito vigente", decidiu-se excluir futuramente
da ordenação todos os que "tivessem contraído um
matrimônio válido". Neste contexto, o secretário da
comissão de reforma para o *Codex*, Cardeal Pietro
Gasparri, indicou que "a legislação vigente para a ordenação de homens casados era bastante complicada".
Nesses casos, era preciso "sempre dirigir-se à Santa
Sé", com o que Gasparri aludia à possibilidade da
dispensa papal[296].

Deve-se registrar: o celibato é uma lei meramente
eclesiástica. Pode ser dispensado. Já há setenta anos os
papas têm regularmente feito uso deste direito. Desde
então, há padres casados convertidos na Igreja Católica
romana. Pois bem: a respeito da graça, em geral, e de
um ato de graça especial em particular, não há nenhum
direito legal, tampouco na Igreja Católica. No entanto,
por que os papas concedem a graça da dispensa do
celibato exclusivamente a "hereges" convertidos – para
usar uma designação romana clássica para protestantes e membros de outras "comunidades eclesialmente
semelhantes" – e não também a homens católicos,
batizados e casados? Será que o "anseio pessoal destes
homens pelo santuário" é menos valioso, uma questão
de menos "delicadeza"?

---

296. Citado segundo PUZA. *Viri...*, p. 16-18.

12
Novidades a respeito da sexualidade

Desde o Concílio Vaticano II, o matrimônio é visto como reflexo da aliança entre Cristo e sua Igreja, e não pode ser um obstáculo ao ministério sacerdotal.

Segundo o testemunho dos evangelhos, Jesus não conhece nenhuma atitude negativa em relação ao matrimônio. Ao contrário: em se tratando do tema do divórcio, ele reporta-se expressamente à ordem da criação de Deus. "No entanto, desde o princípio da criação Deus os fez homem e mulher. Por isso, o homem deixará pai e mãe (e se unirá à sua mulher), e os dois formarão uma só carne; assim, já não são dois, mas uma só carne. Portanto, o que Deus uniu o homem não separe"[297]. Precisamente no componente sexual do matrimônio reflete-se a semelhança divina do ser humano: somente o homem *e* a mulher são imagem de Deus, não um dos dois sozinho, razão por que também não é unicamente masculino ou unicamente feminino. Entretanto, daí resulta também a indissolubilidade de Deus. A união carnal como parte da criação de Deus não pode ter

---

297. Cf. Mc 10,6-9.

nada de impuro em si, pois, do contrário, dificilmente ela seria ponto de partida de uma afirmação sobre a semelhança divina. Esta alta consideração do matrimônio torna-se evidente também na Parábola do Banquete Régio Nupcial, no qual Jesus apresenta o Reino de Deus com a imagem da celebração de um matrimônio[298]. E no Evangelho de João, João Batista compara Jesus com o noivo, enquanto designa a si mesmo como amigo do noivo[299].

Na Igreja Católica, desde os séculos III e IV, a postura positiva em relação à sexualidade e ao matrimônio foi sempre mais relegada a último plano, porque se chegou a um encontro fortalecido com a filosofia grega, que já se mostra incipientemente nas cartas do Apóstolo Paulo. Com efeito, o Apóstolo das Nações anunciou o evangelho preponderantemente nas comunidades de língua grega da região mediterrânea.

Tal helenização do cristianismo, porém, foi apenas um dos inúmeros processos de inculturação necessários na história do cristianismo, embora alguns dogmáticos insinuem o contrário. No curso desse processo, chegou-se a mudanças condicionadas pelo tempo na doutrina e constituição do cristianismo que, no entanto, não fazem parte de sua natureza supratemporal[300]. Novos tempos e novas circunstâncias exigiram e exigem sempre novas transformações da boa-nova cristã.

---

298. Cf. Mt 22,1-14.
299. Cf. Jo 3,29.
300. Cf. MARKSCHIES, C. *Hellenisierung des Christentums – Sinn und Unsinn einer historischen Deutungskategorie*. Leipzig, 2012 [Forum Theologische Literaturzeitung, 25].

Acima de tudo, a filosofia neoplatônica, com seu dualismo de matéria e espírito, estava em oposição à atitude originalmente positiva do cristianismo em relação à corporalidade humana, a qual culmina na boa-nova da ressurreição da carne. Agora, repentinamente, somente o espírito era bom, enquanto o corpo, em princípio, era mau; somente as ideias tinham condições de ser puras, ao passo que o corpo era prisioneiro do pecado e apresentava-se como prisão da alma, da qual, segundo a interpretação cristã, só era possível evadir-se mediante a destruição da carne pecadora.

Principalmente sob a influência do Padre da Igreja Agostinho, morto no ano 430, chegou-se a uma desvalorização fundamental da corporeidade humana. Santo Agostinho considerava toda relação conjugal como pecado, mesmo quando servia à procriação, e, por essa razão, declarou-a incompatível como o serviço sacerdotal do altar[301]. Neste contexto insere-se também a doutrina agostiniana do pecado original, segundo a qual o pecado de Adão e Eva é transmitido de geração em geração mediante a procriação. Supõe-se que a culpada por isso seja *concupiscentia carnalis* [o forte desejo carnal][302].

Embora se tenha repetidamente buscado ocultar esta origem maniqueísta e, portanto, no fundo, pagã, a doutrina eclesial chegou, desde então, a um dualismo

---

301. Cf. BROWN. *Keuschheit...*, p. 395-437.
302. Cf. HOPING, H. Erbsünde, Erbsündenlehre. *Lexikon für Theologie und Kirche*, 3, 1995, col. 743-747.

estrito: virgindade e castidade foram elevadas a ideais cristãos, ao passo que a sexualidade e até mesmo as relações sexuais matrimoniais foram demonizadas como pecaminosas, mas a fim de assegurar a continuidade da humanidade, foram forçosamente aceitas. Ainda em 1933, consta no *Lexikon für Theologie und Kirche* [Enciclopédia de Teologia e Igreja]: "A *virginitas* [virgindade] como virtude, implica, para ambos os sexos, renúncia vitalícia, por razões morais, a qualquer satisfação sexual. O lado material, acidental da virgindade repousa na inviolabilidade corporal que é irrecuperavelmente perdida mediante toda gratificação plena e livremente desejada do desejo sexual, e também mediante relações sexuais permitidas no matrimônio". Na Igreja Católica – conforme o autor do artigo do Lexikon, Joseph Dillersberger – "o *status* da virgindade voluntária, dedicada a Deus, foi e será mais sublimemente valorizada do que o *status* matrimonial, posto que este seja consagrado por um sacramento"[303].

O arcebispo de Friburgo, Conrad Gröber, argumenta de modo totalmente semelhante em seu *Handbuch der religiösen Gegenwartsfragen* [ed. bras. *Manual de Questões Religiosas Contemporâneas*, 1937], destinado a círculos católicos mais amplos, no qual, no ano 1940, qualifica a castidade como "nobre domínio da pulsão

---

303. DILLERSBERGER, J. Jungfräulichkeit. *Lexikon für Theologie und Kirche*, 5, 1933, col. 720s.; aqui, col. 720. Cf. WEISSER, D. *Quis maritus salvetur? – Untersuchungen zur Radikalisierung des Jungfräulichkeitsideals im 4. Jahrhundert.* Berlim/Boston, 2016 [Patristische Texte und Studien, 70].

sexual", e constata: "Nesta virtude, o espírito e a vontade moral revelam sua primazia sobre a vida impulsiva que precisamente nesta área pode ser muito forte. Mediante o domínio desta poderosa força da natureza na virtude da castidade, o ser humano demonstra que se eleva acima da pura animalidade, que ele pertence ao mundo do espírito e ao Reino de Deus"[304].

Neste sentido, já o Concílio de Trento havia rejeitado com toda ênfase a posição de Martinho Lutero, que havia colocado, de forma inequívoca, o matrimônio entre homem e mulher acima da virgindade e do celibato. No cânone 10, sobre o Sacramento do Matrimônio, diz-se, sem mencionar explicitamente o nome do reformador: "Se alguém disser que o estado conjugal deve ser preferido ao estado de virgindade ou celibato, e que não é melhor e mais valioso permanecer na virgindade ou celibato do que se unir em matrimônio: seja anátema"[305].

A partir dessas diretrizes teológicas e magisteriais, o direito matrimonial católico desenvolveu uma doutrina matrimonial pessimista que encontrou seu ápice no *Codex Iuris Canonici* de 1917 e torna-se particularmente evidente na doutrina dos fins matrimoniais. De acordo com estes, a meta principal do matrimônio consiste na procriação e na educação da prole. Todo ato matrimonial deve estar ordenado a esse fim. Como escopo

---

304. GRÖBER. *Handbuch...*, p. 324.
305. CONCÍLIO DE TRENTO. Doutrina sobre o Sacramento do Matrimônio, de 11/11/1563, cânone 10. In: WOHLMUTH (ed.). *Dekrete...*, vol. 3, p. 753-759; aqui, p. 755. • DENZINGER; HÜNERMANN (eds.). *Kompendium...*, n. 1.810, p. 457.

secundário, o *Codex* menciona a gratificação ordenada do impulso sexual e o apoio mútuo dos cônjuges[306]. Canonistas mais recentes chamaram a atenção, com razão, para o fato de que por trás desta doutrina dos propósitos matrimoniais encontra-se "a concepção de Agostinho influenciada pelo maniqueísmo", segundo a qual a sexualidade no matrimônio "só pode ser justificada mediante objetivos especiais", entre os quais "a procriação e a educação da descendência devem ser consideradas determinantes"[307]. Apesar de toda a retórica minimizadora, permanece o insípido sabor de que "o matrimônio é algo intrinsecamente pecaminoso, repudiável, e pode e deve ser considerado apenas como concessão à natureza humana corrupta"[308].

Esta visão negativa do matrimônio e a difamação a ela associada da sexualidade como pecaminosa foi superada pelo Concílio Vaticano II em sua doutrina sobre o matrimônio. Nesse sentido, ele libertou a compreensão católica do matrimônio de elementos agostiniano-neoplatônicos e abriu-se a uma adequada concepção do ser humano e novamente mais orientada pela Bíblia. Em sua Constituição Pastoral sobre a Igreja no Mundo de Hoje, *Gaudium et Spes*, de 07/12/1965, o matrimônio já não é definido como contrato, mas como aliança que se realiza mediante "o ato humano pelo qual os cônjuges se doam e recebem mutuamente". A este

---

306. Cf. *CIC*, 1917, cânone 1.013, § 1.
307. MOSIEK; ZAPP. *Eherecht...*, p. 36.
308. SCHÖNEGGER, A.; KNECHT, A. Ehe. C. Im Christentum. *Lexikon für Theologie und Kirche*, 3, 1931, col. 555-560; aqui, col. 555.

respeito, "o próprio Deus" é considerado como "autor do matrimônio". Consoante a doutrina do Concílio, a aliança dos cônjuges espelha a aliança de Deus com seu povo: desse modo, "o autêntico amor conjugal é assumido no amor divino". Em uma linguagem completamente nova, pela primeira vez a ternura e a sexualidade matrimoniais são estimadas positivamente como elementos essenciais de um matrimônio. "Semelhante amor, que associa o divino ao humano, leva os esposos à mútua doação de si mesmos, provada com terno afeto e com obras, e lhes impregna toda a vida." Precisamente mediante "o ato [sexual] próprio do matrimônio" esta afeição "se exprime e se realiza de maneira singular". Em seguida, vem uma frase até então impensável para um documento doutrinal eclesiástico: "Por isso os atos pelos quais os cônjuges se unem íntima e castamente são honestos e dignos. Quando realizados de maneira verdadeiramente humana, testemunham e desenvolvem a mútua doação pela qual os esposos se enriquecem com o coração alegre e agradecido". Ao mesmo tempo, conforme o Concílio afirma expressamente: "A unidade do matrimônio é também claramente confirmada pelo Senhor mediante a igual dignidade do homem e da mulher enquanto pessoas, a qual deve ser reconhecida no amor mútuo e perfeito"[309].

João Paulo II levou adiante esta alta consideração do matrimônio em 1981 na medida em que designou

---

309. CONCÍLIO VATICANO II. *Constituição Pastoral* Gaudium et Spes *sobre a Igreja no* mundo atual, de 07/12/1965, n. 48-49. Cf. tb., quanto às consequências, MIETH. *Ehe...*, p. 25-35.

terminantemente o Sacramento do Matrimônio como "símbolo real do acontecimento da salvação". Os esposos participam nele enquanto esposos, a dois como casal, a tal ponto que o efeito primeiro e imediato do matrimônio "[...] representa o mistério da encarnação de Cristo e o seu mistério de aliança"[310]. Por isso, o código de leis eclesiásticas, o *Codex Iuris Canonici* de 1983, de modo consequente suprimiu a doutrina dos propósitos do matrimônio e procurou implementar, portanto, a nova compreensão do Concílio Vaticano II no Direito Canônico[311]. Afluíram também para a liturgia do matrimônio na Igreja as formulações correspondentes. O segundo prefácio a ser usado no rito do matrimônio dentro da missa, por exemplo, diz: "Para imagem dessa aliança escolhestes a união do homem e da mulher, de modo que assim o Sacramento do Matrimônio nos recorde o vosso plano de amor"[312]. E na primeira oração do dia se diz: "Ó Deus, que desde o princípio santificastes misteriosamente a união conjugal, para prefigurar no casamento o mistério do Cristo e da Igreja [...]"[313].

Durante o tempo em que o matrimônio, em comparação com a virgindade, era considerado algo de qualidade inferior e, quando muito, tolerado, e na

---

310. JOÃO PAULO II. Exortação Apostólica *Familiaris Consortio*, de 22/11/1981, n. 13 [Disponível em http://w2.vatican.va/content/john-paul-ii/de/apost_exhortations/documents/hf_jp-ii_exh_19811122_familiaris-consortio.html – Acesso em 03/01/2019].
311. Cf. *CIC*, 1983, cânone 1.055.
312. *Missal Romano*, p. 806.
313. Ibid., p. 801.

medida em que a sexualidade, também no matrimônio, era vista como algo impuro e sujo, e foi tolerada apenas como solução emergencial para a ordenada gratificação do instinto sexual, e enquanto a "castidade dos anjos" se opunha diametralmente à sexualidade "animal" dos seres humanos, neste comenos a Igreja pôde, com boas razões, afirmar que o matrimônio não era adequado ao serviço sacerdotal, ou seja, sexualidade matrimonial e sacerdote eram, por princípio, incompatíveis.

No entanto, depois que a Igreja Católica mudou fundamentalmente sua postura em relação à sexualidade e ao matrimônio desde o Concílio Vaticano II, e a partir do momento em que o matrimônio, confrontado com a virgindade, já não é visto como inferior, e o momento em que se chegou a uma insuspeitada grande estima do matrimônio como símbolo real e imagem da aliança de Cristo com sua Igreja, o Sacramento do Matrimônio já não pode ser colocado contra o Sacramento da Ordem. Ao contrário: matrimônio e sacerdócio completam-se nesta nova visão até mesmo de maneira maravilhosa. O matrimônio não torna alguém inapto para o ministério sacerdotal, mas como símbolo real do amor de Cristo por sua Igreja, capacita o sacerdote até mesmo de modo especial para agir na pessoa de Cristo em prol da Igreja.

13
Não é dogma

A doutrina da Igreja Católica permite a qualquer tempo a supressão do celibato.

A forma de vida celibatária é, certamente, "em vários aspectos, apropriada ao sacerdócio", mas de maneira alguma é "exigida pela natureza do próprio sacerdócio"[314]. Estas formulações provêm do Decreto sobre o Ministério e a Vida dos Sacerdotes [*Presbyterorum Ordinis*], que o Concílio Vaticano II, em 07/12/1965, aprovou unanimemente, com 2.390 votos a favor e apenas quatro contra. À primeira vista, elas parecem bem inofensivas, mas não devem ser subestimadas. De fato, elas provam que, a partir da doutrina da Igreja Católica, a qualquer tempo seria possível eliminar a junção obrigatória de sacerdócio e celibato.

O celibato certamente não faz parte dos grandes temas como constituição da Igreja, liberdade religiosa, reforma litúrgica, ecumenismo ou relação com os ju-

---

314. CONCÍLIO VATICANO II. *Decreto* Presbyterorum Ordinis *sobre o ministério e a vida dos sacerdotes*, de 07/12/1965, n. 16. Quanto à história da redação do decreto, cf. GOYRET. *Decreto...*, p. 169-192. A propósito da história do impacto, cf. ROUTHIER. *Décrets...*, p. 25-51.

deus, mediante os quais o Concílio Vaticano II tornou-se conhecido de um público mais amplo; no entanto, da proclamação do Concílio feita por João XXIII, em 25/01/1959, até sua conclusão pelo Papa Paulo VI, em 08/12/1965, "em todas as fases do Concílio ele foi objeto de violentas discussões". Mesmo antes da abertura solene, em 11/10/1962, o tema – como o jesuíta e teólogo do Concílio Friedrich Wulf constatou – estava quase onipresente em manifestações orais e escritas de teólogos, conselheiros e padres conciliares, "seja no sentido de uma rejeição da obrigação geral do celibato que, portanto, já não podia ser mantida, seja, a partir da consideração de que, devido à crescente carência de padres (acima de tudo nas zonas quentes), se não seria oportuno admitir homens casados que se teriam comprovado na família e na profissão, bem como na vida eclesial, e colocá-los ao lado dos padres celibatários (a tempo pleno) como auxiliares"[315].

O Papa João XXIII e a Cúria Romana, no entanto, procuraram interditar de antemão estas discussões. Por esta razão, no primeiro esboço do decreto sobre o ministério dos sacerdotes difundido por Roma, o celibato praticamente não aparece. Ninguém queria desvencilhar-se da prática vigente do celibato obrigatório. Sempre que possível, o Concílio não devia absolutamente abordar o tema.

Contudo, quando, no decorrer das deliberações do Concílio, a questão do diácono permanente passou

---

315. Comentário de Friedrich Wulf ao *Decreto* Presbyterorum Ordinis, n. 16: *Das Zweite Vatikanische Konzili*, vol. 3, p. 214.

cada vez mais ao primeiro plano, o tema do celibato já não pôde ser eludido. Efetivamente, a ordenação diaconal que, até então, tinha sido vista apenas como uma passagem para a ordenação sacerdotal, devia ser "restaurado como grau próprio e permanente da Hierarquia" do ministério eclesial. E "com o consentimento Romano Pontífice, poderá este diaconato ser conferido a homens de idade madura, mesmo casados"[316]. Com isso, começou a haver novamente na Igreja latina clérigos casados, posto que apenas no grau mais baixo do tríplice ministério eclesiástico, que vai dos diáconos, passando pelos sacerdotes até os bispos. Quando, porém, se parte da unidade do ministério tripartido e de um único Sacramento da Ordem, que se desdobra em três graus, como o faz o Concílio em sua constituição sobre a Igreja[317], então o passo de clérigos casados do terceiro para o segundo grau do ministério eclesiástico e da abolição da lei do celibato para sacerdotes não está longe.

Os esboços subsequentes do decreto sobre os sacerdotes procuraram fazer justiça a este desafio na medida em que enfatizaram o celibato como "carisma" especial de Deus que poderia contribuir para uma "elevada forma de humanidade", mediante o qual o clérigo "morto segundo a carne, é ressuscitado, porém, segundo o Espírito para [nova] vida [...], é associado a Cristo e conformado a ele na [firme] vontade de já

---

316. CONCÍLIO VATICANO II. *Constituição Dogmática* Lumen Gentium *sobre a Igreja*, de 21/11/1964, n. 29.
317. Cf. ibid., n. 28-29.

não ser mantido sob o jugo da escravidão, depois foi agraciado com a liberdade para a qual Cristo o libertou"[318]. Não há como não concordar com Friedrich Wulf, que participara imediatamente nas deliberações sobre o decreto a respeito dos sacerdotes no Concílio, quando descreve tais formulações não apenas como "entusiásticas", mas até mesmo como "quase sobrenaturais", e queixa-se de que "não se disse nenhuma palavra a respeito [...] dos pressupostos antropológicos do celibato". Isto arrancou-lhe um profundo suspiro: "Como fica, então, o matrimônio em relação a tais palavras!"[319]

Uma série de padres conciliares não estava de acordo com a direção para a qual os esboços tendiam. Somente para o tema do celibato foram apresentadas 1.300 propostas de emenda[320]. Isso levou, pelo menos, a que no terceiro esboço, fosse inserida a seguinte formulação: "Mesmo que o celibato também não seja exigido de modo absoluto pelo sacerdócio, como se depreende do fato de que entre os presbíteros (e já entre os primeiros apóstolos) sempre houve alguns e, na verdade, homens de grande mérito, que eram legitimamente casados, é-lhe, no entanto, apropriado de várias maneiras"[321].

---

318. Esquema III para *Presbyterorum Ordinis*, em referência a 1Pd 3,18, citado segundo o comentário de Friedrich Wulf ao n. 16. In: *Das Zweite Vatikanische Konzil*, vol. 3, p. 216.

319. Ibid.

320. Cf. FUCHS, O. Kommentierung. In: HÜNERMANN; HILBERATH (eds.). *Herders Theologischer Kommentar*, p. 411-542; aqui, p. 505-507.

321. Cf. Esquema III à *Presbyterorum Ordinis*, citado segundo o comentário de Friedrich Wulf ao n. 16. In: *Das Zweite Vatikanische Konzil*, vol. 3, p. 216.

Vários bispos, no entanto, ainda não estavam satisfeitos com isso. O Cardeal Augustin Bea, diretor do Secretariado para a Promoção da Unidade dos Cristãos, exigiu que no decreto se deveria distinguir duas formas legítimas de vida sacerdotal: a dos padres celibatários e a dos casados. Ambas devem ser apresentadas paralelamente no texto, com os mesmos direitos, a fim de confrontar a impressão de que "o padre casado constituiria um caso excepcional"[322]. Com isso, Bea queria, acima de tudo, dignificar a práxis das Igrejas orientais uniatas com Roma, em plena comunhão eclesial e sacramental com a Igreja Católica romana, nas quais padres casados representam a regra.

Na última fase do Concílio, no outono de 1965, alguns bispos queriam questionar fundamentalmente a lei sobre o celibato para sacerdotes também para a Igreja ocidental, para a parte da Igreja Católica romana que, ao contrário das Igrejas orientais, segue o rito latino. Contudo, agora Paulo VI intervém fortemente. Em uma carta de 11 de outubro, proibiu, sem rodeios, os padres conciliares de falar sobre o tema na sala conciliar. Para fazer coro a Klaus Schatz, o "mais candente ponto controverso" do Concílio, a eliminação da lei do celibato para sacerdotes, mediante uma intervenção papal, portanto, foi retirado da competência do Concílio[323]. Isso mostra novamente que, em última instância, o Concílio Vaticano II foi

---

322. Comentário de Friedrich Wulf ao decreto *Presbyterorum Ordinis*, n. 16. In: *Das Zweite Vatikanische Konzil*, vol. 3, p. 217.

323. SCHATZ. *Konzilien...*, p. 324.

mesmo um Concílio monárquico e não precisamente colegial e conciliar.

Desse modo, diferentemente da questão da reforma litúrgica, por exemplo, a do celibato, não pôde ser discutida no Concílio. O parágrafo respectivo sobre a conexão entre ministério sacerdotal e celibato no decreto sobre os sacerdotes é, consequentemente, em última instância, um compromisso inacabado, a respeito do qual se observa a longa história de suas origens. O texto registra, pelo menos, que "a continência perfeita e perpétua pelo Reino dos Céus [...] não é exigida pela própria natureza do sacerdócio, como se deixa ver pela prática da Igreja primitiva e a tradição das Igrejas orientais em que – além daqueles que, com todos os bispos, escolhem, pelo dom da graça, a observância do celibato – existem meritíssimos presbíteros casados"[324].

De qualquer maneira, uma formulação decisiva está mais clara na redação final do decreto sobre os sacerdotes do que nos esboços precedentes. Anteriormente, dizia-se que o celibato dos sacerdotes "não seria absolutamente" exigido. Agora se diz: não é exigida "pela natureza do próprio sacerdócio". Isto significa: o celibato, como se torna ainda mais claro no original latino do que na tradução alemã[325], não pertence à

---

324. CONCÍLIO VATICANO II. *Decreto* Presbyterorum Ordinis, de 07/12/1965, n. 16.

325. A tradução alemã do Decreto traz a palavra *Wesen*, que também pode ser traduzida por "natureza", mas a língua conhece também o termo "*Natur*", de origem latina, e que consta do original em latim [N.T.].

"natureza" do sacerdócio"[326]. Portanto, no caso do celibato obrigatório dos padres da Igreja universal, trata-se apenas de uma lei meramente eclesiástica, que pode ser mudada em qualquer tempo, de uma simples disposição disciplinar, não, porém, de uma doutrina de fé ou de um dogma, embora o Concílio, para a situação histórica concreta do ano 1965, tenha imposto o celibato como lei eclesiástica a todos os padres da Igreja latina.

Isto torna evidente também a patente grande estima pelos sacerdotes casados nas Igrejas orientais, a qual remonta à intervenção do Cardeal Bea: "Se este Santo Sínodo, no entanto, recomenda o celibato eclesiástico, de modo algum quer mudar aquela ordem que tem vigência legal nas Igrejas orientais; ao contrário, cheio de amor, admoesta aqueles que, como pessoas casadas, receberam o sacerdócio, a que possam perseverar em sua santa vocação e, para o futuro, com total dedicação, empenhar sua vida pelo rebanho que lhes foi confiado"[327]. Por conseguinte, segundo a declaração do Concílio, aquele que, como padre da Igreja oriental, é casado, não será impedido pelo matrimônio de cuidar com todo o empenho das ovelhas que lhe foram confiadas.

Obviamente, desde 1965, os defensores do celibato têm procurado repetidas vezes eludir esta afirmação doutrinal de um Concílio ecumênico, e afirmar ainda

---

326. "Non exigitur quidem a sacerdotio suapte natura". CONCÍLIO VATICANO II. *Decreto* Presbyterorum Ordinis, de 07/12/1965, n. 16 [texto latino: *Das Zweite Vatikanische Konzil*, p. 216].
327. Ibid.

uma conexão essencial entre celibato e ministério sacerdotal. O cardeal curial austríaco Alfons Maria Stickler põe em dúvida uma formulação central do decreto *Presbyterorum Ordinis* quando indaga se "as razões para o celibato defendem apenas uma "adequação", ou se ele não é, porém, necessário e irrenunciável, se, entretanto, não existe entre ambos uma junção"[328]. No entanto, o Concílio Vaticano II havia terminantemente negado justo esta junção essencial entre celibato e sacerdócio.

Até mesmo João Paulo II, que dera ao celibato uma fundamentação cristológica e espiritual, jamais o definiu em decisão definitivamente vinculante como pertencente à natureza do sacerdócio. A este respeito, ele permaneceu totalmente na linha de Paulo VI que, em 1967, por certo recomendou expressamente o preceito da Igreja ocidental de uma conexão entre sacerdócio e forma de vida celibatária, mas sublinhou mais uma vez as determinações de *Presbyterorum Ordinis*: "É certo, conforme declarou o Concílio Ecumênico Vaticano II, que a virgindade 'não é requerida pela própria natureza do sacerdócio, como se conclui da prática da Igreja primitiva e da tradição das Igrejas orientais'"[329].

Este recurso de João Paulo II a Paulo VI, no entanto, está em contradição com o *Codex Canonum Ecclesiarum Orientalium*, que o papa polonês colocou em vigor em 1990 e no qual a dignidade sacerdotal dos sacerdotes

---

328. STICKLER. *Klerikerzölibat...*, p. 78s. Entre outras coisas, Stickler fundamenta sua visão em declarações de João Paulo II em *Pastores Dabo Vobis*", de 25/03/1992.

329. PAULO VI. *Encíclica* Sacerdotalis Caelibatus, de 24/06/1967, n. 17.

casados foi solenemente confirmada. Isto deu ensejo a que o professor de Teologia Moral, Basilio Petrà, que ensinava em Florença e era considerado progressista, perguntasse como se poderia justificar tal sacerdócio quando se baseia o celibato unicamente nas consequências ontológicas da ordenação sacerdotal. Ele salientou "que Igreja Católica não significa Igreja do rito latino, e que catolicidade e latinidade não são idênticas". Em resumo: "Se alguém quiser falar da doutrina da Igreja Católica em sua unidade, não pode falar da posição que é defendida pela teologia e disciplina católicas"[330].

João Paulo II, o *Santo Subito* [Santo Já], não teve receio de responder a questões dogmáticas controversas e, com isso, pôr fim à discussão. Assim, em sua Carta Apostólica *Ordinatio Sacerdotalis*, de 22/05/1994, excluiu categoricamente a possibilidade da ordenação sacerdotal para mulheres: "Portanto, para que seja excluída qualquer dúvida em assunto da máxima importância, que pertence à própria constituição divina da Igreja, em virtude do meu ministério de confirmar os irmãos [...] declaro que a Igreja não tem absolutamente a faculdade de conferir a ordenação sacerdotal às mulheres, e que esta sentença deve ser considerada como definitiva por todos os fiéis da Igreja"[331].

A propósito, João Paulo II cita de uma carta de Paulo VI ao bispo de Cantuária, Frederick Donald

---

330. PETRÀ. *Preti...*, p. 35, 44s. Para a tradução, agradeço à Sra. Maria Pia Lorenz-Filograno.
331. JOÃO PAULO II. *Carta Apostólica* Ordinatio Sacerdotalis, de 22/05/1994, n. 4.

Coggan, de 30/11/1975, que ele havia escrito por ocasião da admissão de mulheres à ordenação sacerdotal na Igreja Anglicana: a Igreja "defende que não é admissível ordenar mulheres para o sacerdócio, por razões verdadeiramente fundamentais. Estas razões compreendem: o exemplo – registado na Sagrada Escritura – de Cristo, que escolheu os seus apóstolos só entre os homens; a prática constante da Igreja, que imitou Cristo ao escolher só homens; e o seu magistério vivo, o qual coerentemente estabeleceu que a exclusão das mulheres do sacerdócio está em harmonia com o plano de Deus para a sua Igreja"[332].

Apesar de João Paulo II não ter proclamado com isso nenhum dogma no sentido do Concílio Vaticano I, sua declaração quanto à impossibilidade da ordenação sacerdotal de mulheres, segundo a interpretação da Congregação para a Doutrina da Fé, no entanto, vale como um ensinamento dogmático infalível[333]. De fato, para o seu ensinamento, o papa utilizou as duas decisivas fontes eclesiais de conhecimento, a Escritura e a Tradição, posto que isso se tenha deparado, às vezes, com violento protesto.

---

332. Ibid., n. 1.

333. Cf. CONGREGAÇÃO PARA A DOUTRINA DA FÉ. *Sobre a resposta da Congregação da Doutrina da Fé acercada da doutrina proposta na Carta Apostólica* Ordinatio Sacerdotalis, p. 540. Mais recentemente, o Prefeito da Congregação para a Doutrina da Fé, o Arcebispo Luis Ladaria, voltou a inculcar a mesma ideia [Disponível em https://www.vaticannews.va/de/vatikan/news/2018-05/ladaria- -frauenordination-osservatore-romano-klarstellung.html – Acesso em 19/02/2019]. Cf. tb. LÜDECKE. *Dogma...*, p. 161-211.

Entretanto, o Papa João Paulo II não se decidiu explicitamente por esse passo em relação a uma junção vinculativa entre celibato e sacerdócio – mas também não lhe era possível. Caso o fizesse, ele não só teria contradito terminantemente a doutrina de um concílio ecumênico, que afirmara formalmente que o celibato não pertence à natureza do sacerdócio. Teria também a tradição da Igreja contra si, à qual o Concílio Vaticano II recorre duplamente quando se refere à "prática da Igreja primitiva", na qual havia, naturalmente, ministros casados, até mesmo apóstolos com esposas, e a tradição das Igrejas orientais católicas. Contra a tradição da Igreja não se pode formular nenhuma doutrina vinculativa, muito menos nenhum dogma. Aquele que o fizesse se tornaria herege.

Por conseguinte, continua a valer integralmente o que Karl Rahner e Herbert Vorgrimler escreveram em 1966, em sua introdução ao Decreto do Concílio sobre o Ministério e a Vida dos Sacerdotes no *Kleines Konzilskompendium* [Pequeno Compêndio do Concílio]: o artigo 16 do Decreto *Presbyterorum Ordinis* contém "como declaração magisterial muitos elementos importantes: que tal continência não é exigida pela natureza do sacerdócio; que a vida celibatária apenas 'harmoniza-se' com o sacerdócio; que há meritíssimos presbíteros casados e que também a estes é possível a *total* dispensação de sua vida pelos que lhes foram confiados"[334].

---

334. RAHNER; VORGRIMLER (eds.). *Kleines Konzilskompendium*, p. 558. Destaque no original.

O celibato sacerdotal, portanto, não é nenhum dogma que seria imutável, mas simples lei eclesiástica que pode ser mudada a qualquer momento. Não pertence à natureza do sacerdócio. A doutrina da Igreja não estorva o matrimônio de sacerdotes. Não se trata de admitir temporariamente homens casados ordenados como "tapa-buracos" em razão da escassez de padres, e, em seguida, quando a situação melhorar, eliminar novamente esta opção. Ao contrário, é possível o fim da junção fundamental entre sacerdócio e celibato[335].

---

335. Cf. DENZLER. *Geschichte...*, p. 188.

14
Promessa perigosa

O celibato obrigatório é um fator de risco no que diz respeito ao abuso sexual por parte de padres.

"Nas 41 denúncias de vítimas até o momento, ele é acusado de, no âmbito do trabalho com a juventude e particularmente na formação para líderes de grupos, incialmente apresentar aos candidatos um questionário elaborado por ele, no qual foram feitas perguntas muito íntimas a respeito do comportamento sexual. Além disso, havia imagens de corpos nus que os alunos, ao observá-las, deveriam declarar quais sentimentos, especialmente de tipo sexual, tais figuras despertavam neles. Cada um devia responder sozinho às perguntas." Assim consta do relatório sobre abusos no colégio jesuíta São Pedro Canísio, em Berlim, a respeito de certo Padre Anton. Ademais, este teria tido "conversas individuais sobre masturbação e experiências sexuais" e "para o controle de eventuais práticas masturbatórias domésticas, teria distribuído velas [...], que deveriam ser acesas enquanto durasse o ato; a respeito do resto da vela, foi realizada outra conversa". E mais adiante: "As vítimas contaram que as conversas com Padre Anton aconteciam sempre a sós, que elas deviam sentar-se em seu colo, que deviam tocá-lo, que deviam masturbar-se diante dele, e que Padre Anton, enquanto isso, também ficava sexualmente excitado, que tudo isso acontecia a portas fechadas, que os alunos eram instados a não falar a respeito"[336].

Não é um caso isolado. Quase diariamente, os meios de comunicação social informam sobre abuso sexual de crianças e adolescentes por parte de padres e religiosos católicos. Além disso, tornaram-se agora conhecidos inúmeros estupros de religiosas católicas perpetrados por sacerdotes e o abuso de seminaristas. Não importa que jornal se folheie, se na Alemanha, Austrália, Estados Unidos ou Argentina, repetidamente se fala de vítimas de abuso, de ações judiciais contra padres e bispos, de encobrimento ou de destruição de documentos atinentes. Bispos e cardeais foram forçados à renúncia seja porque eles próprios se tornaram culpados de abuso, seja porque simplesmente fizeram vista grossa quando seus confrades no ministério clerical forçaram a atos sexuais os menores que deles dependiam. O próprio Papa Francisco é acusado de ter colocado sua mão protetora sobre os fautores e de ter cuidado demasiado tarde do problema[337].

---

336. RAUE. *Bericht...*, p. 1s. Os nomes que aparecem no estudo estão alterados por razões de anonimato.

337. Cf., p. ex., LÖBBERT, R.; VIGANO, C.M. Ein Erzbischof sieht rot. *Christ und Welt*, de 31/08/2018 [Disponível em https://www.zeit.de /2018/36/carlomaria-vigano-papst-franziskus-vatikan-rueck-trittsforderung]. • Papst Franziskus in der Kritik. *Tagesschau*, de 20/01/2018 [Disponível em https://www.tagesschau.de/ausland/papst-missbrauch-103.html – Acesso em 25/01/2019].

O estudo "Abuso sexual de menores por sacerdotes católicos, diáconos e religiosos do sexo masculino no âmbito da Conferência dos Bispos da Alemanha" (Estudo-MHG [Mannheim-Heidelberg-Giessen]), encomendado pela Conferência dos Bispos Alemães e apresentado publicamente em 27/09/2018, em Fulda, mostra três padrões básicos de delinquentes sexuais sacerdotais: o tipo fixado, o narcisista-sociopático e o regressivo-imaturo[338]. A maioria dos fautores deve ser classificada entre os "regressivo-imaturos", que se caracterizam por um desenvolvimento pessoal e sexual deficiente. Alguns elementos apontam que também Padre Anton pertence a esse tipo. O Estudo-MHG observa a este respeito: "A obrigação do celibato poderia oferecer aos pertencentes a esse grupo uma possiblidade erroneamente compreendida de não ter que se confrontar adequadamente com a própria formação da identidade sexual. Ademais, a incapacidade de pessoas desse tipo de entrarem em uma parceria madura, no caso do sacerdócio, já não precisa ser socialmente fundamentada"[339].

Isso se aplica também aos perpetradores do "tipo fixo", com "distúrbios de preferência pedófilas" profundamente enraizados. As tarefas sacerdotais ofereceriam justamente a estes "amplas possibilidades de contato com crianças e jovens", conforme o Estudo-MHG[340].

---

338. Para a tipificação do Estudo-MHG, cf. esp. p. 12s. (resumo), 105, 281s.

339. Ibid., p. 12.

340. Ibid. Cf. tb. os motivos apresentados para a escolha da profissão nas Tabelas 2,37, p. 110.

Deve-se levar em conta que uma indiferençada identificação de todos os criminosos como pedófilos não faz jus ao problema, pois em razão das informações analisadas nos processos e nas entrevistas realizadas exemplarmente, de acordo com o Estudo-MHG apenas pouco menos de 1/3 dos fautores pode ser atribuído ao tipo pedófilo[341]. Os resultados da pesquisa mostram também claramente: o celibato não produz pedofilia, pois tais distúrbios preferenciais se formam já na puberdade[342]. Curiosamente, o historiador da Igreja Hubertus Lutterbach, de Essen, vê na pureza cultual exigida dos sacerdotes uma razão para o abuso sexual. A pureza cultual seria um "sinal exclusivo" comum a padres e crianças. Ela se tornaria, portanto, "expressão da aliança espiritual" entre eles e, portanto, abriria "algo assim como um espaço social próprio exclusivo [...]", que permaneceria "largamente inacessível ao acesso e ao controle de outras autoridades sociais"[343].

Os infratores do terceiro grupo que, "em medida mais forte, distinguem-se por uma falta de senso de culpa e escassa empatia pela situação dos afetados por fatos simultâneos bastante sérios", são classificados no padrão dos "narcisistas-sociopáticos". Na maioria dos casos, trata-se de detentores de múltiplas acusações. São caracterizados comparativamente como "assertivos e dominantes". "Caracteristicamente é uma estrutura de personalidade emocionalmente muito imatura,

---

341. Cf. ibid., p. 227.
342. Cf. p. ex., LEYGRAF et al. *Übergriffe...*, p. 9.
343. LUTTERBACH. *Reinheit...*, p. 192s.

narcisista-sociopática. Diante do pano de fundo das entrevistas, os atos de abuso aparecem mais fortes do que nos outros grupos favorecidos pela autoridade ministerial dos culpados, que é instrumentalizada para a criação de ocasiões favoráveis ao ato bem como para a ocultação de investidas"[344]. No caso deste tipo, não predomina nenhuma fixação sexual unilateral em crianças e adolescentes, mas se trata de sentir prazer mediante exibição da própria posição de poder, de humilhar os outros e de tornar o outro dependente da própria pessoa.

O tipo de criminoso "narcisista-sociopático", mais ainda do que os outros dois tipos, chama a atenção para as estruturas de poder na Igreja Católica, para a posição saliente do clero celibatário e para sua lastimosa situação. O escândalo dos abusos lançou a Igreja Católica em uma profunda crise de credibilidade[345]. Talvez até mesmo a mais profunda crise de sua história, pelo menos desde a Reforma. Com efeito, o anúncio da fé depende decisivamente da credibilidade. De acordo com o Direito Canônico, os sacerdotes, que agem *in Persona Christi*, são os únicos mediadores dos dons da graça divina. "A ordenação moldou-os tão incomparavelmente semelhantes a Cristo, que somente eles, como 'mediadores entre Deus e os homens', podem ensinar, celebrar o culto e dirigir o povo de Deus", escreve o canonista bonense Norbert Lüdecke, enquanto cita o falecido cardeal de Colônia Joachim Meisner. Esta

---

344. MHG-Studie..., p. 105.
345. Cf. KÖNEMANN; SCHÜLLER (eds.). *Memorandum...*, p. 14.

"potência cultual e esta influência de *status* dos 'homens de Deus'", fundidas em base religiosa, são explicitamente combinadas por ele com a obrigação – passível de punição – da "total abstinência sexual (celibato)"[346].

A santidade supostamente resultante da continência sexual é um pré-requisito essencial para a singular posição do sacerdote na Igreja Católica. "Aos homens ordenados como tais convém veneração – isto é, deferente temor e respeito perante sua superioridade espiritual – e também obediência como portadores de jurisdição. [...] Juridicamente, a ordenação de um fundamenta a subordinação do outro. [...] Os clérigos constituem a posição de liderança ou de chefia; os leigos, a de seguidores"[347].

Esta imagem do sacerdote pode favorecer o abuso sexual, pois os perpetradores, no processo, exigem também a obediência religiosa ou ameaçam até mesmo com a perda da salvação eterna caso as vítimas do abuso lhes oponham resistência[348]. A teólogo Doris Wagner fala acertadamente do "abuso espiritual ou intelectual que mantém pessoas biográfica e religiosamente dependentes"[349]. No Estudo-MHG, 1/3 dos afetados que foram interrogados relataram que o delinquente

---

346. LÜDECKE. *Missbrauch...*, p. 41-43.

347. Ibid., p. 185.

348. Para casos exemplificativos, cf. ROYAL COMMISSION. *Report...*, p. 456. • *40th Statewide Investigating Grand Jury Report 1, Interim – Redacted*. Pensilvânia, 2018, p. 309, 363, 482s. [Disponível em https://www.courthousenews.com/wp-content/uploads/2018/08/pa-abuse-report.pdf – Acesso em 06/02/2019].

349. STRIET. *Missbrauch...*, p. 17, referindo-se a Wagner. • *Missbrauch...*, p. 5.

ameaçou com um castigo de Deus[350]. Sacerdotes que praticam abuso sexual infligem às pessoas gravíssimos danos mentais e físicos; mediante seus atos, destroem biografias e, assim, tornam-se *Slayers of the Soul* [assassinos da alma][351]. A discrepância entre o nobre ideal do sacerdote e os atos que este ideal possibilita dificilmente poderia ser maior.

O abuso sexual por parte de clérigos católicos não é apenas um fenômeno dos séculos XX e XXI. O abuso na Igreja tem uma história que está intimamente ligada com a história da destacada posição especial da forma de vida sacerdotal e, portanto, também à história do celibato[352]. Contudo, a falta de clareza conceitual torna difícil rastrear e verificar o fenômeno ao longo dos séculos[353]. O próprio termo abuso é moderno, e não aparece nem nas fontes históricas, nem nas pertinentes obras teológicas de referência[354]. Nas fontes do século XIX, o assunto é quase sempre disfarçado recorrendo-se a eufemismos ou tratado sob a rubrica "Delito sexual com menores de idade", sendo que na

---

350. Cf. MHG-Studie..., p. 92s.

351. Cf. o eloquente título de Stephen J. Rossetti: *Slayer of the Soul – Child Sexual Abuse and the Catholic Church.* 3. ed. Connecticut, 1994.

352. Cf. ROBINSON. *Macht...*, p. 21-24, 217-233. • ROYAL COMMISSION. *Report...*, p. 163-179. • STRIET. *Missbrauch...*, p. 15-40.

353. Cf. SCARAMELLA, P. Sodomia. *Dizionario Storico dell' Inquisizione*, 3, 2010, p. 1.445-1.450; aqui p. 1.446s. Assim, um estudo histórico, baseado no material de arquivo correspondente, também seria difícil realizar, como o têm demonstrado os primeiros exames de provas no arquivo da Congregação para a Doutrina da Fé, no Arquivo Histórico da Secretaria de Estado e no Arquivo Secreto do Vaticano.

354. Cf. p. ex., a ausência do termo nos volumes correspondentes do *Kirchenlexikon* [Enciclopédia da Igreja], de Wetzer-Welte, e na *Theologischen Realenzyklopädie*.

maioria das vezes se entende por isso o estupro de meninas por padres[355].

Acrescenta-se uma segunda dificuldade para uma elaboração histórica do tema, na medida em que não havia nenhuma esfera pública crítica extraeclesial e predominava um ambiente católico fechado, era muito raro que as vítimas pudessem conseguir quem as escutasse e denunciar os infratores clericais. Ainda nos anos sessenta e setenta do século XX, para crianças e adolescentes era também difícil ao menos confiar nos pais. O direito à integridade sexual, por exemplo, também de mulheres – palavra-chave: estupro no matrimônio –, e direitos comuns das crianças em geral, deviam em primeiro lugar impor-se na esfera política e jurídica, bem como na consciência da sociedade.

A intocável figura de autoridade do padre em um mundo católico hermético impedia o esclarecimento dos casos. Às vezes, manifestamente, até mesmo os pais acreditavam mais no padre do que no próprio filho. Em tais circunstâncias, era praticamente impossível que as vítimas denunciassem o malfeitor junto às autoridades eclesiásticas ou ao Ministério Público[356]. Quando, enfim, tais casos se tornavam públicos, os ordinariatos episcopais competentes procuravam em larga medida regulá-los internamente e impedir que os fautores fossem levados perante os tribunais estatais.

---

355. Cf. OLENHUSEN, G. *Klerus*, p. 266-270. • ROYAL COMMISSION. *Report*, p. 166.

356. Para os anos de 1930, cf., a título de exemplo, o caso de Padre Franz Joannis, descrito mais abaixo. Cf. tb. MHG-Studie..., p. 266-272.

O *Codex Iuris Canonici* de 1917 e novas concordatas negociadas testemunham da aversão geral da Santa Sé em entregar padres à jurisdição secular, mesmo que estes tivessem cometido graves delitos como abuso de crianças[357].

Na Idade Média e no começo da Modernidade, o abuso sexual de crianças e adolescentes do sexo masculino era considerado o pecado mortal da "sodomia". Visto que sob este conceito, durante muito tempo, foi subsumido todo ato sexual que era considerado *contra naturam* [contra a natureza] – de acordo com a visão da teologia moral católica só eram conformes à natureza as relações sexuais entre homem e mulher no matrimônio –, a partir das fontes, só raramente se torna inequivocamente claro do que se tratava realmente. Por trás disso, podiam ocultar-se masturbação, ejaculação durante o sono, relações sexuais em uma posição "contra a natureza", relações sexuais com animais, sexo homossexual e até mesmo abuso de menores. Esta dificuldade com os conceitos torna-se clara em um decreto do Santo Ofício de 24/09/1665. Nele, a máxima autoridade romana da fé condenava uma determinação para a confissão: "A molícia, a sodomia e a bestialidade são pecados da mais baixa espécie; por isso na confissão é suficiente dizer que se envolveu em poluição"[358]. Esta proposição seria expressão de uma moral do confessionário demasiado benignista e laxista.

---

357. Cf. ROYAL COMMISSION. *Report...*, p. 176.

358. 45 proposições condenadas nos decretos do Santo Ofício de 24/09/1665 e 18/03/1666. In: DENZINGER; HÜNERMANN

Nas fontes da Inquisição romana, quando se trata de atos sexuais de todos os tipos, que incluem crianças e adolescentes, sempre se fala de *il pessimo* [o péssimo]. Atos de pederastia não são jamais mencionados diretamente pelo nome, mas simplesmente classificados sob a expressão genérica "o pior que em geral se pode imaginar". O historiador italiano Adriano Prosperi esclareceu que *crimen pessimu* [o pior dos crimes] podia referir-se tanto à homossexualidade, portanto à sexualidade de pessoas do mesmo entre homens adultos, quanto aos atos sexuais *con bambini e animali* [com crianças e animais][359].

Normalmente se consideram apenas os homens como perpetradores. Esta é, porém, uma perspectiva unilateral, como o mostra claramente, entre outros, o exemplo das freiras de Sant'Anbrogio. Abadessas e freiras que haviam feito voto de castidade forçavam meninas menores de idade a atos sexuais sob ameaça das penas do inferno e sob a mistificação de que assim o queria Maria, a Mãe de Deus[360].

O estudo de Irmtraud Götz von Olenhusen sobre comportamento anormal do clero de arquidiocese de Friburgo no século XIX mostra que a administração episcopal conseguiu varrer para debaixo do tapete grande número de casos. Depois de um caso de abuso, na maioria das vezes os padres envolvidos eram

---

(eds.), *Kompendium...*, n. 2.044. O texto alemão traduz o termo latino *mollitia* por *Knabenliebe* [pederastia] [N.T.].

359. PROSPERI, A. Sessualità. *Dizionario Storico dell'Inquisizione*, 3, 2010, p. 1.417-1.420; aqui, p. 1.420.

360. Cf. WOLF. *Nonnen...*, p. 278-286.

punidos com uma estada em uma casa de correção arquidiocesana, também chamada de *Demeritenhaus* [Casa de Demérito], e, em seguida, eram reinseridos em outra paróquia. Assim, em 1875, o administrador paroquial Karl Knöbel, após o estupro de uma menina de treze anos em Hinterzarten, foi obrigado a um "recolhimento" de três semanas na Casa de Demérito de Weiterdingen[361].

Casas de correção eram algo como estabelecimentos penais e correcionais eclesiais que, no começo da Modernidade, tinham assumido o papel de prisões estatais para clérigos porque padres, até à Revolução Francesa, não podiam comparecer perante tribunais seculares. Nos séculos XIX e XX, a ficção de um sistema penal eclesiástico independente frequentemente continuou a ser conservada, embora esse privilégio clerical já não estivesse em vigor. Via de regra, nessas casas procurava-se tratar a tendência delituosa com exercícios espirituais de piedade como retiros, jejuns e oração[362].

Embora estupros de meninas por padres muitas vezes pudessem ser encobertos intraeclesialmente, o delito sexual contra jovens, no qual também as autoridades

---

361. Cf. OLENHUSEN, G. *Klerus...*, p. 266.

362. Cf. BURKARD, D. Diözesangeschichte zwischen Schatten und Licht – Das Priesterkorrektionshaus der Diözese Rottenburg (1828-1924). Eine "Anstalt für unsittliche, in der Moralität mehr oder weniger tief gesunkene Geistliche". In: SEEWALD, M. (ed.). *Ortskirche – Bausteine zu einer künftigen Ekklesiologie*. Publicação comemorativa para Dom Gebhard Fürst. Ostfildern, 2018, p. 346-387. • HILGENREINER, K. Demeritenhäuser. *Lexikon für Theologie und Kirche*, 3, 1931, col. 199.

eclesiásticas viam uma forma de sexualidade contra a natureza, um pecado mortal e um delito, às vezes chegava aos tribunais estatais. O sacerdote e professor em um internato da Igreja, Andreas Leuthner, para citar um exemplo, em 1875 foi levado ao tribunal porque, no dormitório, mandou que os meninos lhe mostrassem os órgãos genitais e os apalpou com suas mãos "para ver se ainda havia vestígios de ejaculação". Não houve condenação por parte do Estado, Leuther chegou a ser suspenso, mas foi reabilitado alguns anos depois[363].

Tratava-se também de sexualidade anormal nos "processos morais" que na Alemanha nacional-socialista de 1936 e 1937 foram instaurados contra clérigos católicos devido a "delito sexual" entre homens, mas também por causa de "delito sexual" com alunos internos[364]. No caso, os nacional-socialistas buscavam patentemente motivos político-propagandistas. Eles queriam mobilizar a opinião pública contra a Igreja Católica e diminuir sua influência social. Esse abuso do abuso (e as acusações de homossexualidade, que devem ser diferençadas) pode ter dificultado levantar publicamente justificadas acusações contra sacerdotes e membros de ordens religiosas no período do pós-guerra.

---

363. Tirado do interrogatório de 07/02/1870, segundo OLENHUSEN, G. *Klerus...*, p. 269.

364. Cf. HOCKERTS, H.G. *Die Sittlichkeitsprozesse gegen katholische Ordensangehörige und Priester 1936-1937 – Eine Studie zur nationalsozialistischen Herrschaftstechnik und zum Kirchenkampf.* Mainz, 1971 [Veröffentlichungen der Kommission für Zeitgeschichte, B 6]. • SCHWARTZ, M. (ed.). *Homosexuelle im Nationalsozialismus – Neue Forschungsperspektiven zu Lebenssituationen von lesbischen, schwulen, bi-, trans- und intersexuellen Menschen 1933 bis 1945.* Bonn, 2015.

A problemática do encobrimento, da minimização e do silêncio mostra-se exemplarmente em um caso da Paróquia de Rosenberg, na Diocese de Rotemburgo, de jun./1936. O Pároco Franz Joannis foi acusado de 35 abusos perante o tribunal de primeira instância de Ellwangen. Os adolescentes afetados, porém, "devido à proeminente posição do padre católico em uma comunidade do interior", não tiveram coragem de falar publicamente a respeito do assunto, conforme consta da fundamentação do julgamento. "Em casa, em geral, eles nada ousavam dizer. Se, alguma vez, algo escapasse, aparentemente os pais não davam crédito". O decano responsável por Joannis, Johann Denkinger, viajou a Rotenburgo especialmente a fim de informar o bispo sobre o caso. O Bispo Joannes Baptista Sproll procurou proteger o Padre Joannis da perseguição estatal colocando-o no "manicômio" episcopal de Rottenmünster, e declarou: "Por enquanto, o silêncio é o melhor"[365]. Joannis foi condenado a oito anos de reclusão com a subsequente prisão preventiva, e morreu em 1941 na cadeia de Hohenasperg.

Somente por meio da medida corajosa do sacerdote jesuíta Klaus Mertes, que tornou públicos os casos no Colégio São Pedro Canísio, em Berlim, no início de 2010, o tema do abuso sexual por clérigos católicos tornou-se definitivamente um grande tema midiático na Alemanha. No entanto, já desde o começo dos anos

---

365. Arquivo dos processos criminais de Franz Joannis; arquivos estaduais de Ludwigsburg E 356 d V Bü 1288. Agradeço ao Dr. Jürgen Schmiesing, de Tubinga, pela referência.

oitenta, houve repetidamente escândalos mundo a fora: em 1982, em Terra Nova; em 1984, na Louisiana; em 1992, em Massachusetts; em 1993, na Califórnia; em 1994, na Irlanda e na Austrália; em 1995, na Áustria, com o caso do cardeal vienense Hans Hermann Groer; em 1997, na Bélgica; em 2000, na França; em 2001, na Inglaterra; em 2007, em Boston[366]. Contudo, só em 2010 é que a Conferência dos Bispos Alemães começou a ocupar-se com o tema e a cessar, pelo menos incipientemente, a até então vigente política da minimização e encobrimento. O que pode ter impedido os bispos de fazê-lo antes foi o medo de danos à imagem da Igreja e de uma discussão pública sobre a sexualidade sacerdotal. Em todo caso, investigações sugerem situação motivacional semelhante para os bispos americanos e canadenses[367]. "O que deveria ser protegido a todo custo era o ministério sacramental sobre o qual, por razões histórico-políticas, foi levada a efeito a construção da identidade do católico"[368].

De fato, refletir sobre as razões por que mundialmente tantos padres abusam sexualmente de menores, e isto não raro como reincidentes, significaria falar abertamente sobre sexualidade, a moral sexual eclesial

---

366. Cf. a visão geral de cada caso, com literatura adicional, em: LÜDECKE. *Missbrauch...*, p. 34-36. • LÜDECKE; BIER. *Kirchenrecht...*, p. 237-254.

367. Cf. LYTTON, T. *Holding Bishops Accountable: How Lawsuits Helped the Catholic Church Confront Clergy Sexual Abuse*. Cambridge, 2008.

368. STRIET. *Missbrauch...*, p. 23. Cf. tb. ESSEN, G. Das kirchliche Amt zwischen Sakralisierung und Auratisierung – Dogmatische berlegungen zu unheilvollen Verquickungen. In: STRIET; WERDEN (eds.). *Theologie...*, p. 78-105.

e também sobre as estruturas de poder da Igreja[369]. Indubitavelmente, a isso estão ligados também o celibato e a questão de saber se a continência sexual absoluta de todos os padres, legalmente obrigatória, não está possivelmente ligada com o abuso perpetrado por esse grupo de pessoas.

A este propósito, em abr./2010, em uma *Declaração a respeito da discussão atual sobre abusos*, a Associação de Teólogos Morais Alemães de teólogos moralistas alemães apresentou um posicionamento equilibrado: "Como especialistas responsáveis pela ética teológica, os teólogos morais veem-se desafiados particularmente perante a afirmação ou pressuposição de um nexo entre os casos de abuso e a doutrina eclesiástica tradicional sobre a sexualidade, bem como sobre a forma de vida celibatária. Embora o estabelecimento de uma causalidade direta possa ser facilmente rejeitado, não se deve desconsiderar que provavelmente existem nexos sistêmicos indiretos. De modo particular, trata-se de buscar autocriticamente o vínculo entre a necessidade psiquicamente imatura de proximidade, aprovação e satisfação sexual de pessoas individuais em relação a crianças e adolescentes, e estruturas que possibilitam, favorecem e asseguram o silêncio (relações de dependência, desequilíbrio de poder, sacralização de pessoas e funções, monopólio da punição e da recompensa,

---

369. Quanto ao tema da sexualidade em geral e a conexão com o celibato, cf. BILGRI: HENGHUBER. *Liebe...* • BÖCKLE. *Geschlechterbeziehung...*, p. 110-153. • FISCHER. *Zeugnis...* • MÜLLER. *Liebe...* • MÜLLER. *Wunden...*, p. 124-141. • SIPE. *Sexualität...*

estereótipos de pensamento e de fala estabelecidos sobre o outro sexo, além de outras coisas)"[370].

O *Codex Iuris Canonici*, o código de leis eclesiásticas de 1983, curiosamente estabelece um nexo formal entre celibato e abuso. Com efeito, para o legislador eclesiástico, o abuso sexual não é, em primeiro lugar, um delito que é cometido contra crianças e adolescentes, mas uma infração contra o celibato[371]. Por conseguinte, este ato delituoso se encontra não sob o Título 6 "Dos delitos contra a vida e a liberdade do homem", mas sob o título 5, "Dos delitos contra obrigações especiais dos clérigos". No cânone 1.395, trata-se da quebra do celibato. O parágrafo 1, pune com a suspensão de clérigos concubinários. E o parágrafo 2 diz, em seguida: "O clérigo que de outro modo tenha cometido delito contra o sexto mandamento do Decálogo, se o delito foi praticado com violência, ou com ameaças, ou publicamente, ou com menor abaixo de dezesseis anos, seja punido com justas penas, não excluída, se for o caso, a demissão do estado clerical"[372].

---

370. Erklärung zur aktuellen Missbrauchsdiskussion, de abr./2010. *Imprimatur*, 43, 2010, p. 116s.; aqui, p. 117.

371. Cf. LÜDECKE. *Missbrauch...*, p. 45.

372. *CIC*, 1983, cânone 1.395. Cf. tb. ERNST, S. "Ein Kleriker, der sich auf andere Weise gegen das sechste Gebot des Dekalogs verfehlt" – Anmerkungen und Anfragen aus moraltheologischer Sicht. In: HALLERMANN, H.; MECKEL, T.; PFANNKUCHE, S.; PULTE, M. (eds.). *Der Strüanspruch der Kirche in Fällen von sexuellem Missbrauch*. Würzburger, 2012, p. 185-209 [Würzburger Theologie, 9]. • PFANNKUCHE, S. Die Sünde gegen das sechste Gebot – eine Analyse der geltenden Rechtsordnung der katholischen Kirche und der jüngeren Rechtsgeschichte. In: ibid., p. 242-278.

A partir destas formulações, torna-se claro que o Direito Canônico católico ampliou normativamente o sexto mandamento, que na Sagrada Escritura originalmente diz apenas "Não cometerás adultério"[373] no sentido de uma teologia moral clássica, e aplicou-o fundamentalmente à sexualidade. Assim, o Catecismo da Igreja Católica fala de uma vocação de todos os cristãos à castidade, que é celebrada como "aprendizado do domínio pessoal"[374]. Entre os pecados graves, que neste sentido amplo atentam contra o sexto mandamento, incluem-se "masturbação, fornicação, pornografia e práticas homossexuais"[375].

É difícil provar estatisticamente um nexo causal entre a obrigação do celibato e abuso sexual porque faltam grupos de referência que vivem no celibato sem serem sacerdotes católicos. Todavia, o tema emerge de maneira proeminente nos estudos atinentes ao abuso. Em 2017, a Royal Commission into Institutional Responses to Child Sexual Abuse [Comissão Real de Respostas Institucionais Australiana ao Abuso Sexual Infantil] australiana chegou à conclusão de que o celibato obrigatório (para clérigos) e o voto de castidade (para membros de ordens religiosas) favorecem o abuso sexual de crianças, principalmente quando se acrescentam outros fatores de risco[376]. Por certo, apenas uma minoria de clérigos católicos abusou sexualmente de

---

373. Ex 20,14.
374. *Catecismo...*, n. 2.395.
375. Ibid., n. 2.396.
376. Cf. ROYAL COMMISSION. *Report...*, p. 46.

crianças; contudo, conforme o resultado do estudo, há alto risco de abuso sexual de crianças quando homens que vivem em celibato obrigatório têm acesso exclusivo a crianças nas instituições católicas. Com efeito, para muitos clérigos, o celibato está ligado ao "isolamento emocional, solidão, depressão e doenças mentais". A lei do celibato poderia concorrer para "várias formas de disfunção psíquico-sexuais, que representam um constante risco para a segurança das crianças. Para muitos clérigos e religiosos, o celibato é um ideal inatingível que, no caso deles, não raro conduz a uma vida dupla e colabora para uma cultura do sigilo e da hipocrisia. Esta tendência ao encobrimento levou também a que os superiores eclesiásticos não quisessem perceber a gravidade dos delitos. Para eles, tratava-se apenas de atos de colegas que deviam ser protegidos[377]. Consequentemente, a Comissão, que trabalhou por ordem do Estado, chegou à unânime recomendação de que a Conferência dos Bispos Australianos deveria exigir da Santa Sé a abolição do celibato obrigatório para os clérigos seculares[378].

No que se refere ao celibato como fator de risco para o abuso, o Estudo-MHG mostra-se mais comedido do que seu equivalente australiano. Contudo, ele aponta que a "proporção relativa de diáconos acusados", que geralmente são casados, é "nitidamente menor do que a dos sacerdotes seculares acusados". "Embora a obrigatoriedade do celibato certamente não

---

377. Ibid., p. 46s.
378. Cf. ibid., p. 75.

possa ser a única explicação para os atos de abuso sexual de menores, a evidência [...] sugere ocupar-se com a pergunta a respeito de em que maneira o celibato, para determinado grupo de pessoas, em conjunturas específicas, pode ser um possível fator de risco de atos de abuso sexual"[379]. O resultado de outros estudos aponta na mesma direção de que são significativamente mais baixas as taxas de abusos sexuais nas Igrejas ortodoxas dos países ocidentais, nas quais é muito comum haver padres casados[380].

O Estudo-MHG resume conclusivamente a que recomendações chegam outras investigações em torno do nexo entre celibato e abuso: "A este respeito, as posições vão desde a recomendação da eliminação do celibato obrigatório porque é visto como fator de risco para o abuso sexual" – como no estudo da Royal Commission australiana de 2017 –, "passando pela necessidade de uma análise mais intensa a respeito das exigências de uma vida celibatária[381] [...] até à afirmação de que o acoplamento dos debates em torno do abuso sexual por parte de clérigos e o celibato carece totalmente de

---

379. MHG-Studie..., p. 12.

380. Cf. com referência a estudos diversos, entre outros, nos Estados Unidos, CAHILL, D.; WILKINSON, P.J. *Child sexual abuse in the Catholic Church – An interpretive review of the literature and public inquiry reports*. Melbourne, 2017, p. 177-179, 260, 311 [Disponível em https://apo.org.au/sites/default/files/resource-files/2017/09/apo-nid106721-1214606.pdf – Acesso em 06/02/2019].

381. No texto se faz referência a: KEENAN, M. *Child Sexual Abuse and the Catholic Church – Gender, Power, and Organizational culture*. Oxford, 2012. • SCOTT-SAMUEL, A. Time for root and branch reform. *British Medical Journal*, 338 (2009), b2621 [Disponível em https://www.bmj.com/content/338/bmj.b2621 – Acesso em 25/01/2019].

fundamento científico [...][382], visto que empiricamente não se pode provar nenhum vínculo entre abuso sexual e celibato, porque o abuso sexual por parte de clérigos diminuiu nas últimas décadas, ao passo que, neste período, o celibato sempre permaneceu uma exigência constante"[383]. O próprio Estudo-MHG posiciona-se cautelosamente no meio desse espectro: "Levando-se em conta a diferença estatisticamente significante do número de abusos entre os padres diocesanos obrigados ao celibato e os diáconos não obrigados ao celibato do presente projeto de pesquisa, a [...] tese levantada da ausência de uma ligação entre o celibato e o abuso sexual deve ser, porém, questionada"[384].

Uma questão completamente diferente é o possível nexo entre homossexualidade e abuso. Visto que quase 3/4 das crianças e adolescentes que sofreram abuso por parte de padres são do sexo masculino, conforme o demonstra uma estatística da Royal Commission[385], muitos opositores da reforma afirmam notavelmente esta conexão. O Estudo-MHG, porém, chega à conclusão de que a homossexualidade não representa "nenhum

---

382. No texto se faz menção a LEYGRAF et al. Übergriffe...
383. No texto se alude a: TERRY, K.; SMITH, M.L.; SCHUTH, K.; KELLY, J.R.; VOLLMAN, B.; MASSEY, C. *The Causes and Context of Sexual Abuse of Minors by Catholic Priests in the United States, 1950-2010 – A Report Presented to the United States Conference of Catholic Bishops by the John Jay College Research Team* [Disponível em http://www.usccb.org/issues-and-action/child-and-youth-protection/upload/The-Causes-and-Context-of-Sexual-Abuse-of-Minors-by--Catholic-Priests-in-the-United-States-1950-2010.pdf – Acesso em 25/01/2019].
384. MHG-Studie..., p. 254s.
385. Cf. ROYAL COMMISSION. *Report...*, p. 311.

fator de risco para o abuso sexual"[386]. Contudo, leva a refletir "que a obrigação de uma vida celibatária poderia aparecer como solução de problemas intrapsíquicos para candidatos ao sacerdócio com tendência homossexual imatura e reprimida". O fato de que esta "tendência", sempre declarada "contra a natureza" pelo magistério católico, deva ser "vivida clandestinamente", poderia "levar a diminuir as barreiras para atos sexuais com crianças e adolescentes (do sexo masculino), e oferecer mais uma explicação para a predominância de pessoas do sexo masculino, vítimas do abuso sexual por parte de clérigos católicos"[387]. O fator de risco, portanto, não é a homossexualidade, mas a solidão e o encobrimento nas dadas estruturas de poder da Igreja.

Conclusão: posto que um nexo causal entre abuso sexual e celibato seja difícil de demonstrar estatisticamente, inúmeros argumentos razoáveis deixam transparecer o celibato como fator de risco. No mínimo se mostra extremamente atraente para mencionados perfis dos perpetradores. O estudo deixa aberto que consequências daí devem ser tiradas. As reivindicações das vítimas de abuso que o Estudo-MHG apurou são, porém, inequívocas: elas consistem em uma mudança das estruturas clericais da Igreja Católica, ocupa-se com o tema do papel das mulheres em ministérios de direção e pedem o fortalecimento dos direitos dos leigos, "a fim de romperem e supervisionarem os círculos clericais fechados". Exigem ainda a "abolição do celibato"

---

386. MHG-Studie..., p. 17.
387. Ibid., p. 258s.

ou pelo menos ofertas obrigatórias para clérigos, "as quais apoiem o amadurecimento pessoal e sexual, e que sejam continuamente realizadas e avaliadas por peritos externos com formação psicológica"[388].

Se os bispos levarem a sério seus anúncios de que realmente se importam com as vítimas e com o sofrimento que lhes foi imposto por clérigos, então estão obrigados a implementar esta reivindicação das vítimas[389].

---

388. O estudo cita, ademais, a declaração de uma vítima de abuso: "As estruturas que possibilitaram o abuso devem ser discutidas, ponderadas e mudadas – ainda que leve ao fim do celibato ou à igualdade de direitos para as mulheres ou à igualdade de casais homossexuais. Estas questões não deveriam estabelecer as molduras nas quais mudanças estruturais são possíveis, mas devem ser mutáveis, visto que até agora persistem estruturas que favorecem o abuso" (Ibid. p. 333s.).

389. Cf. tb. LEVEN. *Prävention...*, p. 19. • ZOLLNER, H.; FUCHS, K.; FEGERT, J. Wirksame Prävention!? – Pädagogen und Angehörige von Heilberufen sind wichtige Adressaten von Präventionsmassnahmen gegen sexuellen Missbrauch. *Kinder- und Jugendschutz in Wissenschaft und Praxis*, 58, 2013, p. 115-121.

15
Ponderação

Colocada diante da opção de ou sanar a carência de
sacerdotes ou preservar o celibato, a Igreja precisa se
decidir pelo interesse da Eucaristia, essencial para a
salvação, contra o interesse do celibato, não necessário
à salvação.

Os fiéis católicos têm um indiscutível direito à celebração da Eucaristia, domingo após domingo, a qual lhes é absolutamente necessária à salvação. O Concílio Vaticano II sublinhou esta importância da Santa Missa, e na *Constituição Dogmática* Lumen Gentium que, em 21/11/1964, foi aprovada com 2.151 votos a favor e 5 contra, registrou: "Participando do sacrifício eucarístico, fonte e ápice de toda a vida cristã, oferecem a Deus a Vítima divina e com Ela a si mesmos. Assim quer pela oblação, quer pela sagrada comunhão, todos – cada um segundo sua condição – exercem na ação litúrgica a parte que lhes é própria. Reconfortados pelo Corpo de Cristo na sagrada comunhão, mostram de modo concreto a unidade do povo de Deus, apropriadamente significada e maravilhosamente realizada por este augustíssimo sacramento"[390].

Ao salientar o modo respectivo próprio de colaboração dos participantes na celebração da Eucaristia, a Constituição sobre a Igreja oferece, pelo menos indiretamente, uma referência às diferentes tarefas de sacerdotes e leigos durante a Santa Missa. De fato, segundo a doutrina da Igreja Católica, somente o sacerdote ordenado pode celebrar validamente a Eucaristia. Mediante sua ordenação – e somente por meio dela –, ele recebe os plenos poderes de transformar pão e vinho no Corpo e no Sangue de Cristo, o que acontece na Oração Eucarística da missa.

Esta doutrina certamente só se desenvolveu no decurso da história da Igreja. O termo grego "presbítero", traduzido na Igreja Católica por "sacerdote", originalmente significa "o mais velho" ou "presidente", e não designa nenhuma função cultual. Contudo, de acordo com o teólogo dogmático Gisbert Greshake, "a ideia fundamental do ministério como representação de Cristo", que progressivamente se impôs já desde o século II, levou a uma conexão sempre mais forte do ministério de presidência com a celebração da Eucaristia. "O fato de o ministro eclesiástico, na celebração do sacrifício eucarístico, de modo sacramental 'representar' Cristo como o verdadeiro agente sacerdotal [...] sugeria compreendê-lo também – em sentido sacramental – como sacerdote". Na "Tradição

---

390. CONCÍLIO VATICANO II. *Constituição Dogmática* Lumen Gentium *sobre a Igreja*, de 21/11/1964, n. 11.

Apostólica", uma prescrição da Igreja do século II foi expressamente salientada no sentido de que a ordenação sacerdotal devia servir prioritariamente ao ministério do sacrifício eucarístico[391].

A partir destas diretrizes da Igreja antiga, a pouco e pouco surgiu uma sofisticada doutrina eucarística segundo a qual a presença real de Cristo nos sinais do pão e do vinho dependia das palavras da última ceia que o sacerdote ordenado pronunciava durante a consagração[392]. João Crisóstomo, que viveu de 350 a 407, formulou o assunto da seguinte maneira: "O sacerdote põe-se de pé e faz o sinal externo ao pronunciar aquelas palavras; contudo, a força e a graça são de Deus. 'Isto é meu Corpo', diz ele. Esta palavra transubstancia os dons"[393]. O significado decisivo das palavras da transubstanciação pronunciadas pelo sacerdote foi formulado dogmaticamente de modo definitivo no Concílio de Florença, em 22/11/1439. Aqui se diz: A "forma deste sacramento" da Eucaristia "são as palavras com as quais o Salvador o produziu; o sacerdote, de fato, produz este sacramento falando *in persona Christi*. E em virtude dessas palavras, a substância do pão se transforma no corpo de Cristo e a substância do vinho em sangue de Cristo"[394].

---

391. GRESHAKE, G. Priester III. Historisch-theologisch. *Lexikon für Theologie und* Kirche, 8, 1999, col. 564-566; aqui, col. 564s.

392. Cf. OTT. *Grundriss...*, p. 468s.

393. Ibid., p. 469.

394. CONCÍLIO DE FLORENÇA. Bula sobre a união com os armênios, de 22/11/1439. In: WOHLMUTH (ed.). *Dekrete...*, vol. 2, p. 534-559; aqui, p. 546s. Cf. DENZINGER; HÜNERMANN (eds.). *Kompendium...*, n. 1.321.

Esta compreensão da ordenação sacerdotal, do poder da transubstanciação e da Eucaristia foi posta fundamentalmente em dúvida por Lutero e seus aliados reformadores. Eles concentraram-se totalmente na narração bíblica da Ceia do Senhor e negavam um sacerdócio entendido cultualmente, um Sacramento da Ordem autônomo e o caráter sacrificial da missa. Por conseguinte, o Concílio de Trento viu-se forçado a estabelecer em seu Decreto sobre "A verdadeira e católica doutrina sobre o Sacramento da Ordem", de 15/07/1563, a separar-se dos ataques protestantes e a condenar solenemente todas as opiniões divergentes: "Se alguém disser que no Novo Testamento não há sacerdócio visível e externo, ou que não há poder algum de consagrar e oferecer o verdadeiro Corpo e Sangue do Senhor, bem como de perdoar e reter os pecados, mas há apenas um simples ministério de pregar o evangelho, ou que aqueles que não pregam não são absolutamente sacerdotes – seja excomungado"[395]. Ademais, o tridentino registrou que o sacerdote detém os plenos poderes para a transubstanciação no Sacramento da Eucaristia e para o perdão dos pecados no Sacramento da Penitência mediante o Sacramento da Ordem, "instituído por Cristo Nosso Senhor"[396].

Sem um padre local ordenado, não pode ser celebrada validamente a Eucaristia nas comunidades católicas. Em razão da escassez de sacerdotes, subtrai-se dos fiéis

---

395. Vera et catholica doctrina de sacramento ordinis ad condemnandos errores nostri temporis, Sessio 23. In: WOHLMUTH (ed.). *Dekrete...*, vol. 3, p. 742-744; aqui, p. 743, cânone 1.
396. Ibid., p. 743, cânone 3.

a decisiva e necessária fonte da salvação e, ao mesmo tempo, são privados da possibilidade de, domingo após domingo, celebrar o ápice da vida cristã com as pessoas que compartilham sua mesma fé. De acordo com a doutrina católica, não são as ovelhas responsáveis por isso, mas os pastores. Independentemente disso, os fiéis, consoante as diretrizes do Direito Canônico católico, não são sujeitos do direito, mas apenas objeto do cuidado pastoral. No entanto, pelo menos têm direito ao cuidado pastoral.

Por isso, o Concílio Vaticano II, em seu decreto sobre o múnus pastoral dos bispos na Igreja *Christus Dominus*, de 28/10/1965, admoestou expressamente os bispos diocesanos a dedicar atenção especial aos sacerdotes como seus colaboradores mais importantes, por assim dizer, como subpastores dos pastores principais. Os padres locais – conforme formula acertadamente o Concílio – devem concentrar-se em que "a celebração do sacrifício eucarístico seja o centro e o ponto culminante de toda a vida da comunidade cristã"[397].

Desse modo, a possibilidade de celebração da Eucaristia já não é – como na Constituição Dogmática – descrita, de modo geral, como "fonte e ponto culminante" de toda a vida eclesial; ao contrário, é exigida para cada comunidade individualmente. A Igreja constitui-se onde a Eucaristia é celebrada; uma comunidade eclesial católica é, em primeiro lugar, uma comunidade eucarística. O inverso também se

---

397. CONCÍLIO VATICANO II. *Decreto* Christus Dominus *sobre o múnus pastoral dos bispos na Igreja*, de 28/10/1965, n. 30.

aplica: onde já não se celebra regularmente a Eucaristia – pelo menos a cada domingo –, não está presente nem a Igreja como Igreja universal ou Igreja particular, nem pode existir absolutamente uma comunidade eclesial. Para que "na diocese se possa atender melhor ao ministério da salvação", o Concílio exige também que os bispos se certifiquem de que "em cada diocese há de haver clérigos, pelo menos suficientes em número e preparação, que se dediquem a cultivar devidamente o povo de Deus"[398]. Consequentemente, a Instrução romana *Redemptionis Sacramentum*, publicada em 2004, fala do direito que toda comunidade eclesial tem à celebração dominical da Eucaristia: "De fato, 'nenhuma comunidade cristã se edifica se não tem sua raiz e tronco na celebração da Santíssima Eucaristia'. Pois o povo cristão tem direito a que seja celebrada a Eucaristia em seu favor aos domingos"[399].

Em sua comunidade, portanto, os fiéis têm direito à Eucaristia necessária à salvação. Este fato, porém, tem também um reverso: a Igreja impõe aos fiéis a obrigação de participar da Santa Missa todos os domingos – se possível em sua própria comunidade eclesial. No que tange ao assim chamado mandamento dominical, o *Catecismo da Igreja Católica* é bastante

---

398. Ibid., n. 23.
399. CONGREGAÇÃO PARA O CULTO DIVINO E A DISCIPLINA DOS SACRAMENTOS. *Instrução* Redemptionis Sacramento, de 25/03/2004, n. 162 [Disponível em http://www.vatican.va/roman_curia/=congregations/ccdds/documents/rc_con_ccdds_doc_20040423_redemptionis-sacramentum_ge.html – Acesso em 03/01/2019]. Com a citação faz-se referência, entre outras coisas, à *Presbyterorum Ordinis*, n. 6.

claro: a celebração dominical da Eucaristia constitui o centro de toda a vida cristã e eclesial[400]. Por isso, "aos domingos e nos outros dias de festa de preceito, os fiéis têm a obrigação de participar da missa"[401]. "Aqueles que deliberadamente faltam a esta obrigação cometem pecado grave"[402]. Obviamente isto é fundamentado nos cânones correspondentes do Código de Direito Canônico de 1983[403].

Contudo, a partir do direito fundamental à Eucaristia e da obrigação dominical dos católicos resulta também uma obrigação imperiosa dos bispos e do papa de ajudar os fiéis em seu direito e criar as condições para que eles possam cumprir seu dever dominical. Para isso, em primeiro lugar devem prover a que em cada comunidade estejam à disposição suficientes padres aptos para a celebração da Eucaristia. E devem levar a sério o fato de que o celibato obrigatório, hoje, em diversas partes da Igreja universal, é um dos obstáculos determinantes para alguém se decidir pelo sacerdócio. O interessante é que, em seus escritos apologéticos, os defensores do celibato obrigatório não tratam do fato de que os fiéis têm direito à Eucaristia e, portanto, a sacerdotes em número suficiente[404]. Talvez não lhes ocorra nenhum contra-argumento

---

400. *Catecismo*, n. 1.167.

401. Ibid., n. 2.180.

402. Ibid., n. 2.181.

403. Ibid. Referência ao *CIC*, 1983, cânone 1.247 e 1.248, § 1.

404. Cf., p. ex., CATTANEO, A. Würde die Zahl der Berufungen nicht steigen, wenn man verheiratete Männer zur Priesterweihe zuliesse? In: CATTANEO, A. (ed.). *Priester...*, p. 43s.; aqui, p. 43, bem como os demais artigos do volume.

convincente para isso porque justamente aqui, a partir de sua compreensão totalmente tradicional do sacerdote, também não há nenhum.

Todos os Planejamentos Pastorais de Pessoal (PPP) que os bispos empreenderam para combater a escassez de padres e para a garantia do cuidado pastoral malograram. Unidades pastorais cada vez maiores, com até dez paróquias para um único pároco, não podem funcionar e de forma alguma garantir o direito dos fiéis à Eucaristia. Por esse motivo, estes planos dos PPP foram ridicularizados como "Pobres, Perdas e Panes". Até mesmo enormes aglomerações pastorais como foram planejadas em Tréveris, por exemplo, com apenas trinta e cinco paróquias para toda a diocese que, até então, era constituída de novecentas paróquias[405], simplesmente se mostraram inadequadas para a experiência de confraternidade – é exatamente isso o que significa comunhão – na celebração da Eucaristia. Na refeição eucarística, afinal, deve ser celebrada, de

---

405. A Diocese de Tréveris é, "até o momento, organizada em 887 pequenas paróquias que já foram reunidas em 172 comunidades paroquiais. A partir do ano 2020, segundo diretrizes do governo diocesano, deve ainda haver apenas 35 ditas 'paróquias do futuro'. [...] O pano de fundo da reforma estrutural, que remonta a decisões do Sínodo dos Bispos de 2013 a 2016, é a escassez de padres, bem como uma diminuição do número de fiéis" [Disponível em https://www.katholisch.de/aktuelles/aktuelle-artikel/1500-demonstranten- -gegen-gropfarreien-im-bistum-trier]. Levantou-se violento protesto contra a medida, o que levou a uma ampla cobertura jornalística. Cf., p. ex., as reportagens suprarregionais na *SWR*, *Frankfurter Allgemeine Zeitung*, assim como a imprensa local. A diocese rechaçou o protesto dizendo que se tratava do "fortalecimento da vida eclesial e do empenho na aproximação das pessoas e para o bem-estar delas" [Disponível em https://www.sr.de/sr/home/nachrichten/panorama/ generalvikar_wehrt_sich_gegen_proteste_gegen_pfarreienzu sammen- legung100.html – Acesso em 03/01/2019].

maneira sacramentalmente condensada, a comunhão com Cristo que está realmente presente nos sinais do pão e do vinho, e a comunhão uns com os outros, a qual, de resto, já está presente na vida da comunidade local. E em sentido inverso, a Eucaristia, como ponto culminante, deve repercutir na vida cotidiana dos fiéis. Isso, no entanto, só pode funcionar em grupos e comunidades amadurecidas e bem estruturadas. Em palavras simples: toda comunidade precisa de seu padre. O recurso crescente a padres da Polônia, Índia ou dos países africanos, como se faz em várias dioceses alemães – apesar da boa vontade pessoal dos padres –, frequentemente em razão de barreiras linguísticas e culturais, mais agrava o problema do que o resolve.

Celebrações da Palavra, com ou sem celebração da comunhão, também não resolvem o problema, por mais que os homens e as mulheres que as presidem se esforcem. Por outro lado, elas mostram que as comunidades locais querem celebrar juntas a liturgia e que também haveria pessoas em potencial que se dedicam com muita energia à sua tarefa. Na melhor das hipóteses, são uma solução emergencial que, entre outras coisas, chegam a deixar os fiéis inseguros. Principalmente nas celebrações da Palavra com distribuição da comunhão, na visão de muitos fiéis não raro desaparece a diferença em relação à celebração da Santa Missa. O elogio de uma católica idosa a um agente de pastoral que, na Noite de Natal, havia feito a Celebração da Palavra com a distribuição da comunhão, deveria dizer tudo: "Que bela missa da meia-noite o senhor celebrou!" Ela confundira a Celebração da Palavra com a Santa

Missa e atribuiu ao leigo as competências de um sacerdote. De fato, o agente de pastoral tem as mesmas qualificações teológicas e a experiência pastoral de um sacerdote celibatário. Para os bispos, no exercício de seu múnus de pastores, não seria mais honesto levar a sério o mandamento de Cristo "Fazei isto em memória de mim!"[406] e possibilitar a celebração da Eucaristia ordenando o agente pastoral casado como *vir probatus*, em vez de fazer todo tipo de malabarismos e artifícios pastorais possíveis e pouco convincentes?

De fato, em seus estudos, os bispos devem ter aprendido teologia moral suficiente para chegar com facilidade a um claro "julgamento de valor preferencial" entre os dois valores concorrentes entre si: a "lei eclesiástica, o celibato" e o "mandamento de Cristo, a Eucaristia". Inequivocamente se deve dar a primazia ao sacramento necessário à salvação, o qual faz parte da essência do catolicismo, diante de uma mera prescrição disciplinar eclesiástica. Se os bispos privam os fiéis da salvação, oferecendo-lhes água turva estagnada em vez da fonte viva da vida, estão falhando em sua missão. Cada bispo, individualmente, deve perguntar-se em sã consciência: uma simples lei eclesiástica, como a do celibato obrigatório, está em patamar mais elevado do que a salvação da humanidade? E cada um deve dar aos fiéis uma resposta convincente[407]. Esta só pode ser:

---

406. 1Cor 11,24.

407. O canonista bonense Norbert Lüdecke tem plena razão quando escreve: "Indignação como estado de agitação" em questões de reformas eclesiais de comunidades não durará muito tempo e não bastará, pois a "Igreja Católica é especialista em questões de apaziguamento

o mandamento de Cristo supera a lei eclesiástica. Por isso, homens casados idôneos devem ser ordenados sacerdotes, a fim de possivelmente proporcionar a Eucaristia em cada paróquia. Isso deve começar ainda hoje, pois o Senhor exigirá que os pastores prestem contas de cada ovelha, dentre as que lhes foram confiadas, que eles perderam porque lhes subtraíram a fonte da salvação mediante o apego ao celibato obrigatório.

---

mediante persistente minimização, encobrimento e extenuantes esperas de que as coisas se resolvam". Mais importante do que toda revolta reativa" seria uma "sustentabilidade planejada" (LÜDECKE. *Empörung...*). Cf. tb. GREINACHER, *Heil...*, p. 2-15. • KLOSTERMANN. *Gemeinde...*, p. 31-41, 63-78. • KRAUS. *Plädoyer...*, p. 586s.

16
O antigo sistema chega ao fim

A abolição do celibato como instrumento de manutenção do poder deve ser parte de uma reforma fundamental do sistema clerical hierárquico.

Jupiter tonans, Zeus trovejante: era um capítulo chave do romance autobiográfico de Joseph Bernhart, titulado *Der Kaplan* [O capelão], publicado pela primeira vez em 1919. Bernhart, nascido em 1881, fora ordenado sacerdote em Augsburgo com exatos 23 anos de idade. O jovem sacerdote, que tinha ambições científicas, foi nomeado pelo superior eclesiástico capelão de Markt Wald, na região de Unterallgäu. Foi uma queda das alturas celestes das primícias, a primeira Santa Missa após a ordenação sacerdotal, em sua comunidade natal de Ursberg, no cotidiano demasiado terreno de um sacerdote auxiliar na zona rural. O capelão sentia-se sobrecarregado e explorado, isolava-se cada vez mais, não encontrava nenhum interlocutor no povoado e evadia-se em literatura mística. Queria ir embora, de preferência para uma cidade com uma biblioteca e pessoas instruídas. Após longo período de sofrimento, o capelão encheu-se de coragem, viajou até Augsburgo, a sede diocesana, querendo falar com o vigário geral, o representante do bispo.

"A sala de espera bocejava lugubremente. Ganhei coragem e bati à porta marrom articulada. Nada de resposta. Bati mais uma vez e mais forte. Nenhuma resposta [...]. Deixei passar um minuto, depois bati pela terceira vez. Como uma maldição e ira, ressoou um 'entre'! Uma figura purpurada, de cabelos brancos desgrenhados, óculos de grossas lentes, olhar de natureza encolerizada. Curvei-me. 'Quem é você? Disse meu nome, capelão de tal lugar'. O capelão mal conseguiu apresentar seu desejo, tão selvagemente foi insultado. Se ele não conseguia obedecer, não devia ter-se tornado clérigo. 'Seu punho golpeou a tampa da escrivaninha.' Finalmente, o reverendíssimo senhor 'de rosto vermelho de cólera [...] voltou aos seus arquivos, colocou os dois punhos sobre a escrivaninha e me deixou ali, de pé'"[408].

Contudo, um ano depois, em 1906, Joseph Bernhart foi transferido para uma cidade, Neuburg, na região do Danúbio. No entanto, com o passar do tempo, não suportou as interdições e a solidão do celibato. Em 1913, casou-se foi suspenso e excomungado, e ao longo de décadas foi excluído da Santa Comunhão. Bernhart, porém, permaneceu católico convicto durante sua vida, posto que o sistema hierárquico-clerical da Igreja o tivesse tratado assim.

---

408. BERNHART. *Kaplan...*, p. 113s.

A história contada por Joseph Bernhart coloca no centro uma razão para o celibato a respeito da qual raramente se fala abertamente: a estabilidade do sistema hierárquico da Igreja Católica. Um homem com mulher e filhos não poderiam simplesmente ser transferidos de um lugar a outro, como uma peça do xadrez, sem informações a respeito das razões, a cada ano, pela autoridade eclesiástica; viver num cubículo em uma casa paroquial sob a estrita vigilância de um pároco e de sua governanta paroquial ainda mais rigorosa, não raro sua irmã mais velha, teria sido impensável; o apoio em uma família proporcionaria ao capelão não apenas contatos sociais externos, mas lhe teria possibilitado também mais estabilidade dentro da Igreja. No início do século XX, porém, esta obediência celibatária-clerical foi simplesmente dada como pressuposta.

Hoje em dia, esta obediência é certamente elevada espiritualmente, mas de modo implícito é, como sempre, a coluna de suporte do sistema da Igreja Católica. Nos documentos eclesiásticos não raro se fala que apenas o padre celibatário poderia de tal sorte assemelhar-se ao Cristo celibatário, que ele teria as mãos e o coração livres para a Igreja, compreendida como Corpo Místico de Cristo. Uma doação total a Cristo dessa natureza exige obediência absoluta ao papa e aos bispos, porque estes, segundo a doutrina da Igreja, representam Cristo neste mundo. Dessa forma, o celibato torna-se um instrumento de primeira grandeza para a manutenção do poder papal e episcopal.

O cardeal-secretário de Estado de Pio VI, Lazzaro Opizio Pallavicini, foi ainda mais essencialmente sincero a este respeito do que os rescritos papais e as declarações de bispos de hoje, quando, em 1783, com veemência, declarou-se pela conservação da lei do celibato: "Se for concedido o matrimônio aos clérigos, então a hierarquia romano-papel está destruída, perdidas a reputação e a eminência do bispo de Roma; com efeito, clérigos casados, mediante o vínculo com esposas e filhos, tornam-se agrilhoados ao Estado, deixam de ser adeptos da sé romana". Visto que, por essa época, as finanças papais estavam bastantes esgotadas, o cardeal camareiro, Carlo Rezzonico, propusera que de todo sacerdote que pedisse a permissão para casar-se, fosse exigida alta taxa de dispensa. Assustado a esse respeito, o papa decidiu "por meio de um Breve a todos os reis, príncipes e bispos, recomendar a manutenção do estado celibatário do clero como uma condição indispensável para a hierarquia romana"[409].

Recentes estudos socioeclesiais têm mostrado que o nexo entre poder episcopal e celibato persiste também para além do século XVIII[410]. A propósito, quatro aspectos são de particular importância:

Primeiro: o celibato possibilita um intenso controle social dentro da própria hierarquia clerical. O isolamento dos sacerdotes por meio da renúncia ao matrimônio e à família torna-os peças no tabuleiro

---

409. CAROVÉ. *Cölibatsgesetz...* Vol. 2, p. 637.
410. Cf. EBERTZ. *Herrschaft...*, p. 89-111. • EBERTZ. *Kirche...*, p. 34-82. • KAUFMANN. *Kirchenkrise...*, p. 128-174. • ZULEHNER. *Aufruf...*, p. 109-118.

de xadrez da Igreja que podem ser deslocados à vontade[411]. Paralelamente, segue-se uma solidarização com seu grupo de *status* que, cedo ou tarde, leva a uma consciência clerical elitista. Contribui para isso principalmente a formação em um seminário diocesano fechado, "a grande chocadeira do *apartheid* clerical"[412]. Está estabelecido o caminho para estruturas corporativas masculinas nas quais dominam a lealdade absoluta internamente e a obrigação de confidencialidade externamente, na linguagem eclesiástica, a "Disciplina Arcana".

Segundo: o celibato fundamenta a rigorosa diferença entre a posição de domínio dos clérigos e a posição de obediência dos leigos. Ou, para expressá-lo nas palavras do antigo cônego da catedral de Limburgo e canonista Werner Böckenförde: "Em sua configuração jurídica [...] a Igreja apresenta-se como um lugar de

---

411. Assim, de um lado, os criminosos podem ser mais facilmente protegidos e subtraídos ao acesso de autoridades locais; de outro, segundo os resultados de determinado estudo encomendado pela revista *Civiltà Cattolica*, isso contribui para a assim chamada síndrome de *burnout* [esgotamento] entre padres: "L'insorgenza del *burnout* è anche messa in relazione con la condizione celibataria, che, secondo alcuni preti, crea una vita diversa e artificiosa, esposta alla solitudine affettiva e all'implosione dei sentimenti. Altra possibile causa del *burnout* è il rapporto con l'istituzione. Alcuni sacerdoti ritengono che essa tenda a creare l'impossibilità a comunicare tra pari quel *burnout* che dipende dalla funzione dei superiori" [O surgimento do *burnout* está também relacionado à condição celibatária que, segundo alguns padres, cria uma vida diferente e artificial, exposta à solidão afetiva e à implosão dos sentimentos. Outra possível causa do *burnout* é a relação com a instituição. Alguns sacerdotes consideram que ela tende a criar a impossibilidade de comunicar entre iguais aquele *burnout* que depende da função dos superiores]. *La Civiltà Cattolica*, 158, 2007, p. 473-479; aqui, p. 476.

412. RICE. *Kirche...*, p. 239.

governo fundamentado de modo sagrado no qual a liberdade cristã se torna obediência"[413].

Terceiro: o celibato obrigatório é responsável pela típica estrutura social do clero católico, pois ao contrário da corporação dos presbíteros protestantes, o sacerdócio não pode reproduzir-se por si mesmo[414]. É preciso, antes, recrutar sempre novos aspirantes. Apesar de tudo, isso representa para os candidatos ao sacerdócio oriundos de condições humildes uma possibilidade de ascensão social, o que, por exemplo, na Alemanha do século XIX colaborou para alguma "proximidade ao povo" da parte dos sacerdotes.

Quarto: o celibato obrigatório conseguiu também contribuir para consolidar a desigualdade de poder entre homens e mulheres na Igreja Católica. Lideranças femininas – conforme Andrea Qualbrink em seu novo estudo – "perturbam" a organização chamada Igreja em perspectiva teórico-sistêmica[415].

O estudioso de sociologia da Igreja e das religiões Franz Xaver Kaufmann caracterizou a estrutura social

---

413. BÖCKENFÖRDE, W. Zur gegenwärtigen Lage in der römisch--katholischen Kirche – Kirchenrechtliche Anmerkungen. *Orientierung*, 62, 1998, p. 228-234; aqui, p. 234.

414. Cf., a título de exemplo para ambas as instituições e seu desenvolvimento, JANZ, O. Das evangelische Pfarrhaus. In: FRANÇOIS, E.; SCHULZE, H. (eds.). *Deutsche Erinnerungsorte*. Vol. 3. Munique, 2003, p. 221-238. • BECK, W. *Die unerkannte Avantgarde im Pfarrhaus – Zur Wahrnehmung eines abduktiven Lernortes kirchlicher Pastoralgemeinschaft*. Münster, 2008 [Werkstatt Theologie – Praxis orientierte Studien und Diskurse, 12].

415. Cf. QUALBRINK, A. Frauen in kirchlichen Leitungspositionen – Hemmnisse, Herausforderungen und Perspektiven. *Theologisch-praktische Quartalschrift*, 165, 2017, p. 245-255.

do clero como "hierarquia patógena". Contrariamente às intenções do Concílio Vaticano II, a "hierarquização e a centralização" da Igreja Católica cresceram ainda mais. No apego à lei do celibato, Kaufmann vê uma razão sistêmica para a "estranha *reserva*" da Igreja Católica "*em relação às evidências culturais centrais como o estado de direito e a autonomia da personalidade*". A situação "patogênica" mostra-se principalmente na "falta de procedimentos administrativos eclesiais confiáveis e de fiscalização jurídica de decisões episcopais". A maior fraqueza "do modelo de hierarquia rigorosa" seria "a ausência de providências para o aprendizado". Do ponto de vista socio-organizacional, instituições construídas de modo estritamente hierárquico estão cada vez menos à altura da crescente complexidade das condições mundiais[416]. Não por acaso, novos estudos sobre abuso sexual por parte de clérigos também remetem a contextos e causas sistêmicas.

Patógeno, em sentido literal, portanto, causador de sofrimento, o celibato é-o, além do mais, em outro sentido: para as parceiras de sacerdotes, para os próprios sacerdotes e, principalmente, para os filhos provenientes de tais relacionamentos. Muitos são negados ou ocultados, sentem-se indesejados e culpados. Como filhos ilegítimos, foram discriminados no Direito Canônico de 1917 e, em razão da falta de nascimento legítimo – isto é, no matrimônio –, foram até mesmo excluídos da ordenação sacerdotal[417].

---

416. KAUFMANN. *Kirchenkrise...*, p. 166 e p. 168s.
417. Cf. *CIC*, 1917, cânone 984.

O celibato obrigatório é um fator importante do sistema clerical-hierárquico da Igreja Católica, mas não é o único. O desacoplamento de sacerdócio e celibato seria certamente um símbolo de disposição para as reformas por parte da hierarquia, mas não a reforma necessária precisamente. Pelo menos haveria, então, sacerdotes casados e sacerdotes de vida celibatária. De um lado, isso resolveria problemas; de outro, também criaria novos. Como nas Igrejas ortodoxas, em que postos eclesiásticos mais elevados, por exemplo, o ministério episcopal, permanecem reservados a não casados, poderia surgir um sistema de duas classes de clérigos. Os ministros casados também não estão de antemão imunes de desenvolver manias clericais, como às vezes se pode observar em diáconos permanentes. De igual modo, os matrimônios de padres católicos, como todos os matrimônios, estarão expostos ao perigo do malogro; apareceria a questão de padres divorciados, já para não falar de padres recasados.

Contudo, a maioria dos fiéis não só aceitaria sacerdotes casados, mas muitos desejam até mesmo expressamente a abolição da lei do celibato, como o demonstram sondagens na Europa e na América do Sul. Na Alemanha, em fev./2013, segundo um levantamento do Grupo de Pesquisa Wahlen, 88% de todos os entrevistados, e 84% dos católicos eram de opinião de que os padres deveriam ter a permissão para casar-se; apenas 8% de todos os entrevistados e 12% dos católicos se opuseram[418]. Em outros países, parece

---

418. Cf. Sondagem do Grupo de Pesquisa Whalen para o *Politbarometer* de 19/02/2013 [Disponível em http://www.forschungsgruppe.

ser a mesma coisa; assim se manifestaram católicas e católicos em favor do casamento de padres: 57% na Itália, 86% na França, 73% na Espanha, 61% na Polônia, 65% na Argentina e 60% no Brasil[419]. Com isso, um dos argumentos principais dos defensores do celibato segundo o qual os católicos não iriam a uma missa presidida por padres casados deve ter-se pelo menos enfraquecido.

Toda uma série de problemas da Igreja Católica, sobremaneira na Europa Central e na América Latina remonta, ademais, a fatores determinantes nos quais a própria Igreja mal pode influenciar. Nas sociedades modernas, por exemplo, em geral diminui a disposição de ligar-se mediante pertença duradoura como membro a associações, partidos, sindicato e, não por último, também as Igrejas. De igual modo, o argumento padrão contra as mudanças de sistema, como apraz aos círculos tradicionalistas apresentar, de que grande número das reformas exigidas teria sido implementado há muito tempo nas Igrejas evangélicas e, apesar disso, elas estariam perdendo mais membros do que a Igreja Católica, deveria ser considerado. Seria necessário repensar que importância cabe à Igreja como mediadora entre Deus e a humanidade.

---

de/Umfragen/Politbarometer/Archiv/Politbarometer-Extra/PB-Extra_Kirche_und_Papst/ – Acesso em 10/02/2019].

419. Cf. Sondagem da consultoria internacional Bendixen & Amandi para a Univision, o principal canal de Televisão em língua espanhola nos Estados Unidos, de 09/02/2014 [Disponível em http://univision.data4.mx/resultados_catolicos/ESP_encuestas-cat.pdf; https://www.repubblica.it/esteri/2014/02/09/news/dall_aborto_ai_profilattici_tutti_i_no_dei_cattolici_alla_morale_della_chiesa-780 77185/ – Acesso em 19/02/2019].

Quem realmente se esforça por uma reforma da Igreja Católica deve questionar o sistema clerical como um todo, e não pode romantizá-lo em figura necessária e imutável da Igreja Católica. Como monarquia absoluta, ela é uma invenção do século XIX que perde sempre mais sua plausibilidade sob as condições atuais. As concepções de Ordem do século XIX, que são veiculadas como verdades eternas, são uma causa essencial para a crise atual da Igreja. Hoje se trata de criar estruturas transparentes e justas das quais todos os fiéis participem. Incluem-se aí direitos fundamentais aplicáveis a todo cristão, uma cultura jurídica que satisfaça aos anseios hodiernos, uma jurisdição administrativa independente, uma moral sexual contemporânea, a igualdade de direito das mulheres, a escolha de ministros eclesiásticos pelos fiéis em todos os níveis, a introdução do princípio da subsidiariedade... A lista poderia ser continuada[420].

Ou, para dizê-lo com as palavras do estudioso de ética social Gerhard Kruip, da Mogúncia: "Seria ilusão acreditar que se poderia superar o clericalismo dominante sem modificar o Direito Canônico em pontos centrais, inclusive o primado absolutista da jurisdição do papa. Seria ilusão acreditar que se poderiam superar os aspectos corporativos masculinos das estruturas de poder eclesiásticas sem suprimir o celibato obrigatório

---

420. Cf., p. ex., HALBFAS. *Glaubensverlust...*, p. 94-100. • HUIZING. *Rechtsschutz...*, p. 211-222. • LÜDICKE. *Verwaltungsgerichtsbarkeit...*, p. 433-442. • KÖNEMANN; SCHÜLLER (eds.). *Memorandum...*, p. 14-18 e passim. • MIETH. *Ehe...*, p. 25-35. • PREGLAU-HÄM-MERLE. *Katholische Reformbewegungen...* • ROBINSON. *Macht...*, p. 202-216. • WOLF. *Krypta...*, passim. • ZULEHNER... *Aufruf...*

e sem também admitir mulheres ao sacerdócio. Seria ilusão acreditar que se poderia superar o tabu da homossexualidade sem revisar a moral sexual da Igreja em geral. Todas essas irregularidades, há muito tempo criticadas, certamente devem ser eliminadas não apenas em razão do escândalo dos abusos, mas também porque contradizem a Boa-Nova evangélica libertadora do Reino de Deus"[421].

A necessidade de reforma da Igreja Católica é evidente. Contudo, um olhar sobre a história da Igreja mostra que as forças de autoconservação do sistema foram sempre tão grandes que, contra melhor exame, foi impedida uma conversão. Às vezes a estratégia, da parte da hierarquia, de esperar que as coisas se resolvessem durante uma crise da Igreja, funcionou bem. No entanto, às vezes este sentar-se e esperar que as coisas se resolvam também não deu certo. Porque os papas adiaram as medidas decididas pelos concílios reformadores do século XV, e porque eles, depois do aparecimento de Lutero, torpedearam durante três décadas a convocação de um concílio reformador, sofreram no século XVI a divisão da Igreja. Às vezes, bastava silenciar reformadores importantes, fossem eles cardeais, bispos ou teólogos. O Índex dos livros

---

421. KRUIP, G. Betroffenheit und Reue reichen nicht. In: *Herder Korrespondenz*, 72, 2018, p. 16. Justamente esta passagem foi citada por Klaus Mertes em seu discurso de abertura na Sessão Plenária do Comitê Central dos Católicos Alemães em 23/11/2018 [Disponível em https://www.zdk.de/veroeffentlichungen/reden-und-beitraege/detail/Impuls-Konsequenzen-aus-der-MHG-Studie-fuer-strukturelle-Aenderungen in-der-katholischen-Kirche-Pater-Klaus-Mertes-SJ–414L/ – Acesso em 04/02/2019]. Cf. tb. MÜLLER. *Liebe...*, p. 158-163.

proibidos e os procedimentos de castigo doutrinal da Inquisição Romana e sua organização sucessora, a romana Congregação para a Doutrina da Fé, dão eloquente testemunho disso. Por vezes, porém, a pressão na caldeira da Igreja Católica era tão grande que se era forçado a pelo menos aliviar um pouco a pressão, a fim de evitar uma explosão. Assim, por exemplo, no Concílio Vaticano II, quando as forças reformadoras puderam descarregar-se no campo da liturgia, evitando-se discutir o tema da constituição da Igreja. Outras vezes bastou também mera retórica eclesiástica reformatória, que nada custa, mas também nada produz. E, às vezes, a hierarquia segue o caminho da dogmatização ao elevar uma questão controversa a uma verdade de fé e, desse modo, tentar retirá-la da discussão uma vez por todas como, por exemplo, no caso da infalibilidade do papa, ou da impossibilidade da ordenação sacerdotal de mulheres. Qual será o provável caminho que a Igreja tomará desta vez?

Bibliografia

Fontes

BENTO XVI. *Constituição Apostólica* Anglicanorum Coetibus, de 09/11/2009 [Disponível em http://w2.vatican.va/content/benedict-xvi/de/apost_constitutions/documents/hf_ben xvi_apc_20091104_anglicanorum-coetibus.html. Acesso em 14/01/2019].

Catecismo da Igreja Católica. São Paulo: Loyola, 2000.

Codex Canonum Ecclesiarum Orientalium –Lateinisch-deutsche Ausgabe. Ed. de L. Gerosa e P. Krämer. Paderborn, 2000 [Amateca – Repertoria 2).

Codex Iuris Canonici auctoritate Ioannis Pauli PP – II promulgatus. 2. ed. Trad. e ed. em nome da Conferência dos Bispos Alemães por W. Aymans et al. Kevelaer, 1984 [= CIC, 1983].

CONCÍLIO VATICANO II. *Decreto Orientalium Ecclesiarum*, de 21/11/1964, p. 361-392.

CONCÍLIO VATICANO II. *Constituição Dogmática* Lumen Gentium *sobre a Igreja*, de 21/11/1964. In: RAHNER, K.; VORGRIMLER, H. (eds.). *Kleines Konzilskompendium* – Sämtliche Texte des Zweiten Vatikanums. Friburgo i. Br., 1966, p. 105-200.

CONCÍLIO VATICANO II. *Constituição Pastoral* Gaudium et Spes *sobre a Igreja no mundo atual*, de 07/12/1965. In: RAHNER, K.; VORGRIMLER, H. (eds.). *Kleines Konzilskompendium* – Sämtliche Texte des Zweiten Vatikanums. Friburgo i. Br., 1966, p. 423-552.

Concilium Quinisextum. Trad. e intr. de H. Ohme. Turnhout, 2006 [Fontes Christiani, 82].

Das Zweite Vatikanische Konzil – Dokumente und Kommentare. Vol. 3: *Konstitutionen, Dekrete und Erklärungen*. Ed. de H.S. Brechter et al. Darmstadt, 2014 [Ed. bras.: *Compêndio do Vaticano II – Constituições, decretos, declarações*. 30. ed. Intr. Índice Analítico por Frei Boaventura Kloppenburg O.F.M; Coord. geral de Frei Frederico Vier, O.F.M. Petrópolis: Vozes, 1968].

DENZINGER, H.; HÜNERMANN, P. (eds.). *Kompendium der Glaubensbekenntnisse und kirchlichen Lehrentscheidungen* (Enchiridion symbolorum defi nitionum et declarationum de rebus fidei et morum). 40. ed. Friburgo i. Br., 2005 [Ed. bras. DENZINGER, H.; HÜNERMANN, P. (eds.). *Compêndio dos símbolos, definições e declarações de fé e moral*. Trad. com base na 40. ed. alemã, por J.M. Luz e J. Konings. São Paulo: Paulinas/Loyola, 2007].

Gemeinsame Synode der Bistümer in der Bundesrepublik Deutschland. 5. ed. Resoluções da Sessão Plenária. Edição oficial completa I, em nome da Presidência do Sínodo Conjunto das Dioceses e da Conferência dos Bispos Alemães. Friburgo i. Br./Basel/Viena, 1976.

JOÃO PAULO II. *Carta "Novo incipiente"* a todos os sacerdotes da Igreja por ocasião da Quinta-feira Santa, 08/04/1979 [latim/italiano] [Disponível em https://w2.vatican.va/content/john-paul-ii/la/letters/1979/documents/hf_jp-ii_let_19790409_sacerdoti-giovedi-santo.html [Acesso em 04/02/2019] [Em alemão: PAPST JOHANNES PAUL II. *Schreiben zum Gründonnerstag*. Bonn, 1979 [Verlautbarungen der Deutschen Bischofskonferenz 7). Bonn, 1979].

JOÃO PAULO II. *Exortação Apostólica Pós-sinodal* Pastores Dabo Vobis, de 25/03/1992 [Disponível em http://w2.vatican.va/content/john-paul-ii/de/apost_exhortations/documents/hf_jp-ii_exh_25031992_pastores-dabo-vobis.html [Acesso em 03/01/2019].

JOÃO PAULO II. *Carta Apostólica* Ordinatio Sacerdotalis, de 22/05/1994 [Disponível em http://w2.vatican.va/content/john-paul-ii/de/apost_letters/1994/documents/hf_jp ii_apl_19940522_ordinatio-sacerdotalis.html [Acesso em 03/01/2019].

KONGREGATION FÜR DIE GLAUBENSLEHRE. *Dokumente seit dem Zweiten Vatikanischen Konzil*. Ed. ampliada (1966-2013). Friburgo i. Br./Basel/Viena, 2015.

LAUTEMANN, W. (ed.). *Geschichte in Quellen* – Vol. 2: *Mittelalter: Reich und Kirche*. 2. ed. Munique, 1978.

Messbuch: Die Feier der Heiligen Messe – Für die *Bistümer des deutschen Sprachgebietes, hg. im Auftrag der Bischofskonferenzen Deutschlands*, Österreichs *und der Schweiz*. Einsiedeln, 1981 [Authentische Ausgabe für den liturgischen Gebrauch].

PAULO VI. *Carta Encíclica* Sacerdotalis Caelibatus, de 24/06/1967 [Em latim, disponível em http://w2.vatican.va/content/paul-vi/la/encyclicals/documents/hf_p-vi_enc_24 061967_sacerdotalis.html – Acesso em 07/01/2019] [Em alemão: *Sacerdotalis caelibatus* – Über *den priesterlichen Zölibat*. Munique, 1967].

PAULO VI. *Motu proprio* Sacrum Diaconatus Ordinem, de 18/06/1967. [Em latim: *Acta Apostolicae Sedis*, 59, 1967, p. 697-704 [Em alemão: DEUTSCHE BISCHOFSKONFERENZ (ed.). *Direktorium für den Dienst und das Leben der Ständigen Diakone*, de 22/02/1998. Bonn, 1998].

RAHNER, K,; VORGRIMLER, H. (eds.). *Kleines Konzilskompendium* – *Sämtliche Texte des Zweiten Vatikanums*. Friburgo i. Br., 1966.

ROHRBASSER, A. (ed.). *Heilslehre der Kirche: Dokumente von Pius IX. bis Pius XII* – *Deutsche Ausgabe des französischen Originals*. Friburgo/Schweiz, 1953.

ROSKOVÁNY, A. *Coelibatus et Breviarium* – *Duo gravissima officia, e monumentis omnium saeculorum demonstrata*. Pest/Nitra, 1861-1888 [Accessit completa literatura, 5 Bde. und 6 Supplementbde].

SULPICIUS SEVERUS. Das Leben des Martinus von Tours. In: ANDRESEN, C. (ed.). *Frühes Mönchtum im Abendland* – Vol. 2: *Lebensgeschichten*. Intr., trad. e explicação por Karl Suso Frank. Zurique, 1975 [Bibliothek der alten Welt].

UTZ, A.; GALEN, B.G. (eds.). *Die katholische Sozialdoktrin in ihrer geschichtlichen Entfaltung* – *Eine Sammlung päpstlicher Dokumente vom 15. Jahrhundert bis in die Gegenwart*. 4 vol. Aachen, 1976 [Textos originais com tradução].

WOHLMUTH, J. (ed.). *Dekrete der* ökumenischen *Konzilien* (*Conciliorum Oecumenicorum Decreta*) – Vol. 2: *Konzilien des Mittelalters*. Paderborn/Munique /Viena, 2000.

WOHLMUTH, J. (ed.). *Dekrete der* ökumenischen *Konzilien* (*Conciliorum Oecumenicorum Decreta*). Vol. 3: *Konzilien der Neuzeit*. Paderborn/Munique/Viena, 2002.

ZECHIEL-ECKES, K. *Die erste Dekretale – Der Brief Papst Siricius' an Bischof Himerius von Tarragona vom Jahr 385* (JK 255). Ed. sob a responsabilidade de D. Jasper. Hanover, 2013 [Monumenta Germaniae Historica – Studien und Texte, 55].

Bibliografia complementar

ALBERIGO, G.; WITTSTADT, K. (eds.). *Geschichte des Zweiten Vatikanischen Konzils*. 3 vol. Mainz, 1997-2002.

ANGENENDT, A. *Das Frühmittelalter – Die abendländische Christenheit von 400 bis 900*. Stuttgart, 1990.

ANGENENDT, A. *Heilige und Reliquien – Die Geschichte ihres Kultes vom frühen Christentum bis zur Gegenwart*. Munique, 1994.

ANGENENDT, A. *Geschichte der Religiosität im Mittelalter*. Darmstadt, 1997.

ANGENENDT, A. Martin als Gottesmann und Bischof. *Rottenburger Jahrbuch für Kirchengeschichte*, 18, 1999, p. 33-47.

ANGENENDT, A. "Mit reinen Händen" – Das Motiv der kultischen Reinheit in der abendländischen Askese. In: FLAMMER, T.; MEYER, D. (eds.). *Liturgie im Mittelalter – Ausgewählte Aufsätze zum 70. Geburtstag*. Münster, 2004, p. 245-267 [Ästhetik, Theologie, Liturgik, 35].

ARNING, H.; WOLF, H. *Hundert Katholikentage – Von Mainz 1848 bis*. Leipzig/Darmstadt, 2016.

BÄTZ, A. *Sacrae virgines – Studien zum religiösen und gesellschaftlichen Status der Vestalinnen*. Paderborn, 2012.

BAUER, T. *Die Kultur der Ambiguität – Eine andere Geschichte des Islams*. Berlin, 2011.

BENGA, D.; BREMER, T.; RAFI GAZER, H.; IONIŽĂ, V. Die Ostkirchen. In: KAUFMANN, T.; KOTTJE, R.; MOEL-

LER, B.; WOLF, H. (eds.). *Ökumenische Kirchengeschichte –* Vol. 3: *Von der Französischen Revolution bis 1989.* Darmstadt, 2007, p. 351-416.

BERLIS, A. Celibate or married priests? – Polemical gender discourse in nineteenth century Catholicism. In: PASTURE, P.; ART, J.; BUERMANN, T. (eds.). *Beyond the Feminization Thesis – Gender and Christianity in Modern Europe.* Lovaina, 2012, p. 57-71 [Kadoc studies on religion, culture and society, 10].

BERNHART, J. *Der Kaplan – Aufzeichnungen aus einem Leben.* Weissenhorn, 1986.

BEUTEL, A.; NOOKE, M. (ed.). *Religion und Aufklärung – Akten des Ersten Internationalen Kongresses zur Erforschung der Aufklärungstheologie (Münster, 30. März bis 2. April 2014).* Tübingen, 2016 [Colloquia Historica et Theologica, 2].

BICKELL, G. Der Cölibat eine apostolische Anordnung. *Zeitschrift für katholische Theologie,* 2, 1878, p. 26-64.

BICKELL, G. Der Cölibat dennoch eine apostolische Anordnung. *Zeitschrift für katholische Theologie,* 3, 1879, p. 792-799.

BILGRI, A.; HENGHUBER, G. *Bei aller Liebe – Warum die katholische Kirche den Zölibat freigeben muss.* Munique, 2018.

BISCHOF, F.X. Das Junktim von Priestertum und Zölibatsverpflichtung. In: HILPERT, K. (ed.). *Zukunftshorizonte katholischer Sexualethik.* Friburgo i. Br./Basel/Viena, 2011, p. 57-71 [Quaestiones Disputatae, 241].

BLASCHKE, O. Das 19. Jahrhundert: Ein Zweites Konfessionelles Zeitalter? *Geschichte und Gesellschaft,* 26, 2000, p. 38-75.

BÖCKLE, F. Geschlechterbeziehung und Liebesfähigkeit. In: KAUFMANN, F-X.; RAHNER, K.; WELTE, B. (eds.). *Christlicher Glaube in moderner Gesellschaft.* Vol. 6. 2. ed. Friburgo i. Br./Basel/Viena, 1981, p. 110-153.

BOELENS, M. *Die Klerikerehe in der Gesetzgebung der Kirche unter besonderer Berücksichtigung der Strafe – Eine rechtsgeschichtliche Untersuchung von den Anfängen der Kirche bis zum Jahr 1139.* Paderborn, 1968.

BORUTTA, M. *Antikatholizismus – Deutschland und Italien im Zeitalter der europäischen Kulturkämpfe*. 2. ed. Göttingen, 2011.

BRANDL, M. *Die deutschen katholischen Theologen der Neuzeit – Ein Repertorium –* Vol. 2: *Aufklärung*. Salzburg, 1978.

BRECHT, M. *Martin Luther –* Vol. 2: *Ordnung und Abgrenzung der Reformation 1521-1532*. Stuttgart, 1986.

BROWN, P. *Die Keuschheit der Engel – Sexuelle Entsagung, Askese und Körperlichkeit am Anfang des Christentums*. Trad. do inglês por Martin Pfeiffer. Munique/Viena, 1991.

BURKERT, W. *Griechische Religion der archaischen und klassischen Epoche*. 2. ed. Stuttgart/Berlim/Colônia, 2010 [Die Religionen der Menschheit, 15].

CAROVÉ, F.W. *Über das Cölibatsgesetz des römischkatholischen Klerus –* Vol. 2: *Vollständige Sammlung der Cölibatsgesetze für die katholischen Weltgeistlichen von den ältesten bis auf die neuesten Zeiten*. Frankfurt a. M., 1833.

CATTANEO, A. (ed.). *Verheiratete Priester? – 30 brisante Fragen zum Zölibat*. Paderborn, 2012.

COCHINI, C. *Le origini apostoliche del celibato sacerdotale*. Roma, 1981.

DAMBERG, W. *Abschied vom Milieu? – Katholizismus im Bistum Münster und in den Niederlanden 1945-1980*. Paderborn/Munique/Viena, 1997 [Veröffentlichungen der Kommission für Zeitgeschichte, B 79].

DASSMANN, E. Diakonat und Zölibat. In: PLÖGER, J.G.; WEBER, H.J. (eds.). *Der Diakon – Wiederentdeckung und Erneuerung seines Dienstes*. Friburgo i. Br./Basel/Viena, 1980, p. 57-67.

DASSMANN, E. *Kirchengeschichte I – Ausbreitung, Leben und Lehre der Kirche in den ersten drei Jahrhunderten*. Stuttgart/Berlim/Colônia 1991 [Kohlhammer Studienbücher Theologie, 10].

DEMEL, S. *Kirchliche Trauung – Eine unerlässliche Pflicht für die Ehe des katholischen Christen?* Stuttgart, 1993.

DENZLER, G. *Das Papsttum und der Amtszölibat –* Vol. 1: *Die Zeit bis zur Reformation*; Vol. 2: *Von der Reformation bis in die Gegenwart*. Stuttgart, 1973 e 1976 [Päpste und Papsttum 5/1 und 5/2].

DENZLER, G. *Die Geschichte des Zölibats*. Friburgo i. Br./ Basel/Viena, 1993 [Herder Spektrum, 4.246].

DENZLER, G.; VOGELS, H.-J.; WILI, H.-U. (eds.). *Internationale Bibliographie zum Priesterzölibat (1520-2014) – Ein Findbuch für Recherche und Diskussion*. Münster, 2016 [Beiträge zu Theologie, Kirche und Gesellschaft im 20. Jahrhundert, 27].

DITTRICH, L. *Antiklerikalismus in Europa – Öffentlichkeit und Säkularisierung in Frankreich, Spanien und Deutschland (1848-1914)*. Göttingen, 2014 [Religiöse Kulturen im Europa der Neuzeit, 3].

DREWERMANN, E. *Kleriker – Psychogramm eines Ideals*. Olten, 2001.

EBERTZ, M.N. Herrschaft in der Kirche – Hierarchie, Tradition und Charisma im 19. Jahrhundert. In: GABRIEL, K.; KAUFMANN, F.X. (eds.). *Zur Soziologie des Katholizismus*. Mainz, 1980, p. 89-111.

EBERTZ, M.N. *Kirche im Gegenwind – Zum Umbruch der religiösen Landschaft*. 2. ed. Friburgo i. Br., 1998.

FEINE, H.E. *Kirchliche Rechtsgeschichte* – Vol. 1: *Die katholische Kirche*. 3. ed. Weimar, 1955.

FISCHER, K.P. *Vom Zeugnis zum Ärgernis? – Anmerkungen und Thesen zum Pflichtzölibat*. Wiesmoor, 2011.

FLAMMER, T.; MEYER, D. (eds.). *Liturgie im Mittelalter – Ausgewählte Aufsätze zum 70. Geburtstag*. Münster, 2004 [Ästhetik, Theologie, Liturgik, 35)]

FRANK, K.S. *Askese und Mönchtum in der Alten Kirche*. Darmstadt, 1975 [Wege der Forschung, 409].

FRANK, K.S. Einführung. *Askese und Mönchtum in der Alten Kirche*. Darmstadt, 1975, p. 1-33 [Wege der Forschung, 409].

FRANK, K.S. *Geschichte des christlichen Mönchtums*. Darmstadt, 1988 [Grundzüge, 25].

FRANK, K.S. *Lehrbuch der Geschichte der Alten Kirche*. Paderborn/Munique/Viena, 1996.

FRANZEN, A. *Die Kelchbewegung am Niederrhein im 16. Jahrhundert – Ein Beitrag zum Problem der Konfessionsbildung im Reformationszeitalter.* Münster, 1955 [Katholisches Leben und Kämpfen im Zeitalter der Glaubensspaltung, 13].

FRANZEN, A. *Die Visitationsprotokolle der ersten nachtridentinischen Visitation.* Münster, 1960 [Reformationsgeschichtliche Studien und Texte, 85].

FRANZEN, A. *Zölibat und Priesterehe in der Auseinandersetzung der Reformationszeit und der katholischen Reform des 16. Jahrhunderts.* Münster, 1969 [Katholisches Leben und Kirchenreform im Zeitalter der Glaubensspaltung, 29].

FRANZEN, A. Die Zölibatsfrage im 19. Jahrhundert – Der "Badische Zölibatssturm" (1828) und das Problem der Priesterehe im Urteile Johann Adam Möhlers und Johann Baptist Hirschers. *Historisches Jahrbuch*, 91, 1971, p. 345-383.

FUNK, F.X. Der Cölibat keine apostolische Anordnung. *Theologische Quartalschrift*, 61, 1879, p. 208-247.

FUNK, F.X. Der Cölibat noch lange keine apostolische Anordnung. *Theologische Quartalschrift*, 62, 1880, p. 202-221.

GATZ, E. Der Zölibat als Spezifikum priesterlicher Lebenskultur. In: GATZ, E. (ed.). *Der Diözesanklerus.* Friburgo i. Br./Basel/Viena, 1995, p. 346-362 [Geschichte des kirchlichen Lebens, 4].

GATZ, E. (ed.). *Die Kirchenfinanzen.* Friburgo i. Br./Basel/Viena, 2000 [Geschichte des kirchlichen Lebens, 6].

GÖRRES, I.F. *Laiengedanken zum Zölibat.* Frankfurt a. M., 1962.

GÖTZ VON OLENHUSEN, I. *Klerus und abweichendes Verhalten – Zur Sozialgeschichte katholischer Priester im 19. Jahrhundert.* Göttingen, 1994 [Kritische Studien zur Geschichtswissenschaft, 106].

GOYRET, P. Il Decreto Presbyterorum Ordinis. *Annuarium Historiae Conciliorum*, 43, 2011, p. 169-192.

GREINACHER, N. Das Heil der Menschen – Oberstes Gesetz in der Kirche. *Theologische Quartalschrift*, 172, 1992, p. 2-15.

GRÖBER, C. *Handbuch der religiösen Gegenwartsfragen.* Friburgo i. Br., 1940.

GRYSON, R. *Les Origines du celibat ecclésiastique du premier au septième siècle.* Gembloux, 1970 [Recherches et Synthèses – Section D'Histoire II].

HALBFAS, H. *Glaubensverlust – Warum sich das Christentum neu erfinden muss.* Ostfildern, 2011.

HANISCH, E. Der Priester als Mann – Eine geschlechterspezifische Perspektive im 20. Jahrhundert. In: KLIEBER, R.; HOLD, H. (eds.). *Impulse für eine religiöse Alltagsgeschichte des Donau-Alpen-Adria-Raumes.* Viena/Colônia/Weimar, 2005, p. 211-221.

HEID, S. *Zölibat in der frühen Kirche – Die Anfänge einer Enthaltsamkeitspflicht für Kleriker in Ost und West.* Paderborn/Munique/Viena/Zurique 1997.

HEID, S. Verheiratete und ehelose Priester. *Forum Katholische Theologie*, 28, 2012, p. 116-125.

HERBERS, K. *Geschichte des Papsttums im Mittelalter.* Darmstadt, 2012.

HILL, R. Ordination of married Protestant Ministers. *Canon Law Society of America – Proceedings*, 51, 1989, p. 95-100.

HIRSCHER, J.B. Recensão de Die erheblichen Gründe für und gegen das katholisch-kirchliche Cölibatsgesetz, zu nochmaliger Prüfung dargelegt von Dr. Joh. Ant. Sulzer... *Theologische Quartalschrift*, 2, 1820, p. 637-670.

HOHMANN, J.P. *Der Zölibat: Geschichte und Gegenwart eines umstrittenen Gesetzes – Mit einem Anhang wichtiger kirchlicher Quellentexte.* Frankfurt a. M., 1993.

HOLZEM, A. *Der Konfessionsstaat (1555-1802).* Münster, 1998 [Geschichte des Bistums Münster, 4].

HOLZEM, A; KAUFMANN, T. Das konfessionelle Zeitalter. In: KAUFMANN, T.; KOTTJE, R.; MOELLER, B.; WOLF, H. (eds.). Ökumenische Kirchengeschichte – Vol. 2: *Vom Hochmittelalter bis zur frühen Neuzeit.* Darmstadt, 2008, p. 331-448.

HUIZING, P. Rechtsschutz und Verwaltungsgerichtsbarkeit im neuen Codex Iuris Canonici. *Theologische Quartalschrift*, 163, 1983, p. 211-222.

HUIZINGA, J. *Herbst des Mittelalters* – Studie über Lebens- und Gedankenformen des 14. und 15. Jahrhunderts in Frankreich und den Niederlanden. Paderborn, 2018.

HÜNERMANN, B.; HILBERATH, B.J. (eds.). *Herders Theologischer Kommentar zum Zweiten Vatikanischen Konzil*. Vol. 4. Friburgo i. Br./Basel/Viena, 2005.

JEDIN, H. *Kleine Konziliengeschichte – Mit einem Bericht über das Zweite Vatikanische Konzil*. 8. ed. Friburgo i. Br./ Basel/Viena, 1978.

JEDIN, H. Ursprung und Durchbruch der Katholischen Reform bis 1563. In: ISERLOH, E.; GLAZIK, J. (eds.). *Handbuch der Kirchengeschichte* – Vol. 4: *Reformation, Katholische Reform und Gegenreformation*. Friburgo i. Br. 1979, p. 449-683.

JEDIN, H. *Geschichte des Konzils von Trient*. 4 vol. Darmstadt, 2007.

KAUFMANN, F.-X. *Kirchenkrise – Wie überlebt das Christentum?* Friburgo i. Br./Basel/Viena, 2011.

KLEINSCHMIDT, F. *Ehefragen im Neuen Testament – Ehe, Ehelosigkeit, Ehescheidung, Verheiratung Verwitweter und Geschiedener im Neuen Testament*. Frankfurt a. M., 1998 [Arbeiten zur Religion und Geschichte des Urchristentums, 7].

KLOSTERMANN, F. *Gemeinde ohne Priester – Ist der Zölibat eine Ursache?* Mainz, 1981.

KÖNEMANN, J.; SCHÜLLER, T. (eds.). *Das Memorandum – Die Positionen im Für und Wider*. Friburgo i. Br., 2011 [Theologie kontrovers].

KÖTTING, B. *Der Zölibat in der Alten Kirche*. Münster, 1968 [Schriften der Gesellschaft zur Förderung der Westfälischen Wilhelms-Universität, 61].

KRAUS, G. Plädoyer für die Freiwilligkeit des Zölibats der lateinisch-katholischen Priester. *Stimmen der Zeit*, 228, 2010, p. 579-588.

KRÄUTLER, E. *Habt Mut! – Jetzt die Welt und die Kirche verändern*. Innsbruck/Viena, 2016.

LANDERSDORFER, A. *Das Bistum Freising in der bayerischen Visitation des Jahres 1560*. Santa Otília, 1986 [Münchener Theologische Studien – Historische Abteilung, 26].

LEINEWEBER, W. *Der Streit um den Zölibat im 19. Jahrhundert*. Münster, 1978 [Münsterische Beiträge zur Theologie, 44].

LEPPIN, V. *Martin Luther*. Darmstadt, 2006 [Gestalten des Mittelalters und der Renaissance].

LEVEN, B. "Prävention wirkt" – Ein Gespräch mit Hans Zollner, dem Leiter des römischen Kinderschutzzentrums. *Herder Korrespondenz*, 73, 2019, p. 17-19.

LEYGRAF, N.; KÖNIG, A.; KRÖBER, H.-L.; PFÄFFLIN, F. *Sexuelle Übergriffe durch katholische Geistliche in Deutschland – Eine Analyse forensischer Gutachten 2000-2010*. Abschlussbericht, 2012 [Disponível em http:// www.dbk. de/ fileadmin/redaktion/diverse_downloads/Dossiers_2012/2012_ Sex-Uebergriffe-durch katholische-Geistliche_Leygraf-Studie. pdf [Acesso em 05/02/2019].

L'HUILLIER, P. Sacerdoce et Mariage dans L'Église Orthodoxe. *Messager de L'Exarchat du Patriarche Russe en Europe Occidentale*, 13, 1965, p. 210-222.

LÜDECKE, N. Also doch ein Dogma? – Fragen zum Verbindlichkeitsanspruch der Lehre über die Unmöglichkeit der Priesterweihe von Frauen aus kanonistischer Perspektive. *Trierer Theologische Zeitschrift*, 105, 1996, p. 161-211.

LÜDECKE, N. Mehr Geschlecht als Recht? – Zur Stellung der Frau nach Lehre und Recht der römisch-katholischen Kirche. In: EDER, S.; FISCHER, I. (eds.) *...männlich und weiblich schuf er sie... Gen 1,27 – Zur Brisanz der Geschlechterfrage in Religion und Gesellschaft*. Innsbruck, 2009, p. 183-216 [Theologie im kulturellen Dialog, 16].

LÜDECKE, N. Sexueller Missbrauch von Kindern und Jugendlichen durch Priester aus kirchenrechtlicher Sicht. *Münchener Theologische Zeitschrift*, 62, 2011, p. 33-60.

LÜDECKE, N. *Empörung reicht nicht! – Hinweise und Fragen eines Kirchenrechtlers vom 1. November 2018* [Disponível em http://theosalon.blogspot.com/2018/11/emporung-reicht -nicht.html – Acesso em 03/01/2019].

LÜDECKE, N.; BIER, G. *Das römisch-katholische Kirchenrecht – Eine Einführung: Unter Mitarbeit von Bernhard Sven Anuth.* Stuttgart, 2012.

LÜDICKE, K. Kirchliche Verwaltungsgerichtsbarkeit in Deutschland – Zur Lage 20 Jahre nach dem Beschluss der Gemeinsamen Synode. In: REINHARDT, H.J.F. (ed.). *Theologia et jus canonicum – Festgabe für Heribert Heinemann zur Vollendung seines 70. Lebensjahres.* Essen, 1995, p. 433-446.

LUEBKE, D.M. *Hometown Religion – Regimes of Coexistence in Early Modern Westphalia.* Charlottesville/Londres, 2016 [Studies in Early Modern German History].

LUTTERBACH, H. *Sexualität im Mittelalter – Eine Kulturstudie anhand von Bussbüchern des 6. und 12. Jahrhunderts.* Colônia/Weimar/Viena, 1999 [Beihefte zum Archiv für Kulturgeschichte, 43].

LUTTERBACH, H. Die Kultische Reinheit – Bedingung der Möglichkeit für sexuelle Gewalt von Klerikern gegenüber Kindern? In: STRIET, M.; WERDEN, R. (eds.). *Unheilige Theologie! – Analysen angesichts sexueller Gewalt gegen Minderjährige durch Priester.* Friburgo i. Br./Basel/Viena, 2019, p. 175-195 [Katholizismus im Umbruch 9].

MAROTTA, S. Augustin Bea auf dem Weg zum Ökumeniker 1949-1960. *Zeitschrift für Kirchengeschichte*, 127, 2017, p. 373-393.

MAXIMOS IV SAIGH. Priestertum, Zölibat und Ehe in der Ostkirche. *Der Seelsorger*, 37, 1967, p. 303-306.

McGOVERN, T.J. Der Zölibat in der Ostkirche. *Forum katholische Theologie*, 14, 1998, p. 99-123.

Memorandum zur Zölibatsdiskussion. *Orientierung*, 34, 1970, p. 69-72.

MHG-Studie: *Sexueller Missbrauch an Minderjährigen durch katholische Priester, Diakone und männliche Ordensangehörige im Bereich der Deutschen Bischofskonferenz, Mannheim, Heidelberg, Giessen, 24.* September 2018 [Disponível em https://www.dbk.de/fileadmin/redaktion/diverse_down

loads/dossiers_2018/MHGStudie-gesamt.pdf – Acesso em 25/01/2019].

MIETH, D. Ehe und Priestertum – Über ihre konstruktive Beziehung. *Theologische Quartalschrift*, 172, 1992, p. 23-35.

MÖHLER, J.A. Beleuchtung der Denkschrift für die Aufhebung des den katholischen Geistlichen vorgeschriebenen Cölibates – Mit drei Aktenstücken. In: DÖLLINGER, J.J.I. (ed.). *Dr. Johann Adam Möhlers gesammelte Schriften und Aufsätze*. Vol. 1. Regensburg, 1839, p. 177-207.

MÖRSDORF, K. *Lehrbuch des Kirchenrechts auf Grund des Codex Iuris Canonici – Vol. 1: Einleitung, Allgemeiner Teil und Personenrecht*. 9. ed. Munique/Paderborn/Viena, 1959 [Wissenschaftliche Handbibliothek].

MOSIEK, U.; ZAPP, H. *Kirchliches Eherecht – Mit dem Entwurf der CIC-Reformkommission*. 5. ed. Friburgo i. Br., 1981 [Rombach hochschul paperback 5].

MÜLLER, W. *Verschwiegene Wunden – Sexuellen Missbrauch in der katholischen Kirche erkennen und verhindern*. Munique, 2010.

MÜLLER, W. *Liebe und Zölibat – Wie eheloses Leben gelingen kann*. Kevelaer, 2012.

NEDUNGATT, G. Celibate and married Clergy in CCEO Canon 373. *Studia Canonica*, 36, 2002, p. 129-167.

OTT, L. *Grundriss der katholischen Dogmatik*. 7. ed. Friburgo i. Br./Basel/Viena, 1965.

PETRÀ, B. *Preti celibi e preti sposati – Due carismi della Chiesa cattolica*. Assisi, 2011.

PICARD, P. *Zölibatsdiskussion im katholischen Deutschland der Aufklärungszeit – Auseinandersetzung mit der kanonischen Vorschrift im Namen der Menschenrechte*. Düsseldorf, 1975 [Moraltheologische Studien – Historische Abteilung, 3].

PIETSCH, A.; STOLLBERG-RILINGER, B. (eds.). *Konfessionelle Ambiguität – Uneindeutigkeit und Verstellung als religiöse Praxis in der Frühen Neuzeit*. Gütersloh, 2013 [Schriften des Vereins für Reformationsgeschichte, 214].

PLÖGER, J.G.; WEBER, H.J. (eds.). *Der Diakon – Wiederentdeckung und Erneuerung seines Dienstes*. Friburgo i. Br./ Basel/Viena, 1980.

PREGLAU-HÄMMERLE, A.S. *Katholische Reformbewegungen weltweit – Ein Überblick*. Innsbruck/Viena, 2012.

PRICE, R.M. Art. Zölibat II. Kirchengeschichtlich. *Theologische Realenzyklopädie*, 36, 2004, p. 722-739.

PUZA, R. Viri uxorati, viri probati – Kanonistisch-historische Überlegungen. *Theologische Quartalschrift*, 172, 1992, p. 16-23.

QUARANTA, F. *Preti sposati nel medioevo – Cinque apologie*. Turim, 2000.

RANKE-HEINEMANN, U. *Eunuchen für das Himmelreich – Katholische Kirche und Sexualität*. Hamburgo, 1988.

RAUE, U. *Bericht über Fälle sexuellen Missbrauchs an Schulen und anderen Einrichtungen des Jesuitenordens vom 27. Mai 2010* [Disponível em http://www.gewalt-imjhh.de/hp2/Blick_ uber_den_Tellerrand_4/Bericht_27_05_2010.pdf – Acesso em 25/01/2019].

READ, G. The Statues Regulating the Admission to Priesthood of Married Former Anglican Clergy in England and Wales. *Canon Law Society of Great Britain and Ireland Newsletter*, 104, dez./1995, p. 5-13.

REINHARDT, V. *Pontifex – Die Geschichte der Päpste: Von Petrus bis Franziskus*. Munique, 2017.

RICE, D. *Kirche ohne Priester – Der Exodus der Geistlichen aus der katholischen Kirche*. Gütersloh, 1990.

RIVINIUS, K.J. Das priesterliche Amt in der gegenwärtigen Diskussion. In: HAAS, H. (ed.). *Weg zum Priestertum – 25 Jahre überdiözesanes Studienhaus St. Lambert*. Grafschaft, 1997, p. 103-117.

ROBINSON, G. *Macht, Sexualität und die katholische Kirche – Eine notwendige Konfrontation*. Oberursel, 2010.

ROUTHIER, G. Les décrets Presbyterorum ordinis et Optatam totius – Débats inachevés et questions pendantes. *Revue Théologique de Louvain*, 45, 2014, p. 25-51.

ROYAL COMMISSION INTO INSTITUTIONAL RESPONSES TO CHILD SEXUAL ABUSE. *Final Report*. Vol. 16: *Religious institutions*. Barton, 2017 [Disponível em https://www.childabuseroyalcommission.gov.au/sites/de fault/files/final_report_volume_16_religious_institutions_ book_1.pdf – Acesso em 25/01/2019].

RUH, U. Auflockerung: Zölibatsdispens für ehemalige evangelische Pfarrer. *Herder Korrespondenz*, 41, 1987, p. 6.

SÄGMÜLLER, J.B. *Lehrbuch des katholischen Kirchenrechts* – Vol. 1: *Einleitung; Kirche und Kirchenpolitik; Die Quellen des Kirchenrechts*. Friburgo i. Br., 1900.

SCHATZ, K. *Allgemeine Konzilien – Brennpunkte der Kirchengeschichte*. Paderborn, 1997.

SCHMIDT, H.R. *Konfessionalisierung im 19. Jahrhundert*. Munique, 1992 [Enzyklopädie deutscher Geschichte, 12].

SCHMIEDL, J. (ed.). *Nationalsynoden nach dem Zweiten Vatikanischen Konzil – Rechtliche Grundlagen und Öffentliche Meinung*. Friburgo/Schweiz, 2013 [Theologische Berichte, 35].

SCHNEIDER, T. *Zeichen der Nähe Gottes – Grundriss der Sakramententheologie*. 2. ed. Mainz, 1980.

SCHUBERT, A. *Gott essen – Eine kulinarische Geschichte des Abendmahls*. Munique, 2018.

SEIDLER, M.; STEINER, M. (ed.). *Kirche lebt von unten: Erfahrungen aus 20 Jahren*. Wuppertal, 2000.

SIEBEN, H.J. Rezension zu: Heid, Stefan, Zölibat in der frühen Kirche... *Theologie und Philosophie*, 73, 1998, p. 585-587.

SIPE, A.W.R. *Sexualität und Zölibat – Aus dem Amerikanischen von Ingrid Pross-Gill*. Paderborn/Munique/Viena, 1992.

SODARO, S.K. *Preti Sposati nel Diritto Canonico Orientale*. Triest, 2000.

STICKLER, A.M. *Der Klerikerzölibat – Seine Entwicklungsgeschichte und seine theologischen Grundlagen*. Stuttgart, 2012.

STRIET, M. Sexueller Missbrauch im Raum der Katholischen Kirche – Versuch einer Ursachenforschung. In: STRIET, M.;

WERDEN, R. (eds.). *Unheilige Theologie! – Analysen angesichts sexueller Gewalt gegen Minderjährige durch Priester.* Friburgo i. Br./Basel/Viena, 2019, p. 15-40 [Katholizismus im Umbruch, 9].

STRIET, M.; WERDEN, R. (ed.). *Unheilige Theologie! – Analysen angesichts sexueller Gewalt gegen Minderjährige durch Priester.* Friburgo i. Br./Basel/Viena, 2019 [Katholizismus im Umbruch, 9].

TELLENBACH, G. *Die westliche Kirche vom 10. bis zum frühen 12. Jahrhundert.* Göttingen, 1988 [Die Kirche in ihrer Geschichte 2 Lieferung F 1].

TRÉMEAU, M. *Der gottgeweihte Zölibat – Sein geschichtlicher Ursprung und seine Lehrmässige Rechtfertigung.* Viena, 1981.

TRIPPEN, N. Die Erneuerung des Ständigen Diakonats im Gefolge des II. Vatikanischen Konzils. In: PLÖGER, J.G.; WEBER, H.J. (eds.). *Der Diakon – Wiederentdeckung und Erneuerung seines Dienstes.* Friburgo i. Br./Basel/Viena, 1980, p. 83-103.

TROELTSCH, E. Askese. In: FRANK, K.S. *Askese und Mönchtum in der Alten Kirche.* Darmstadt, 1975, p. 69-90 [Wege der Forschung, 409].

VERHOEVEN, T. Harmful or Benign? – Transnational Medical Networks and the Celibacy of Priests. *Journal of Religious History*, 39, 2015, p. 244-260 [Disponível em https://onlinelibrary.wiley.com/doi/full/10.1111/1467-9809.12184 – Acesso em 26/01/2019].

VOGES, S. *Konzil, Dialog und Demokratie – Der Weg zur Würzburger Synode 1965-1971.* Paderborn/Munique/Viena, 2015 [Veröffentlichungen der Kommission für Zeitgeschichte B 132].

WAGNER, D. *Spiritueller Missbrauch in der katholischen Kirche.* Friburgo i. Br./Basel/Viena, 2019.

WALTER, P.; WASSILOWSKY, G. (ed.). *Das Konzil von Trient und die katholische Konfessionskultur (1563-2013).* Münster, 2016 [Reformationsgeschichtliche Studien und Texte, 163].

WASSILOWSKY, G. (ed.). *Zweites Vatikanum – Vergessene Anstösse, gegenwärtige Fortschreibungen*. Friburgo i. Br./Basel/Viena, 2004 [Quaestiones Disputatae, 207].

WEBER, M. *Wirtschaft und Gesellschaft – Grundriss der verstehenden Soziologie*. Ed. de J. Winckelmann. 5. ed. Tübingen, 1972.

WOLF, H. "Ein dogmatisches Kriterium der Kirchengeschichte"? – Franz Xaver Funk (1840-1907) und Sebastian Merkle (1862-1945) in den Kontroversen um die Identität des Faches. In: HAAS, R. (ed.). *"Im Gedächtnis der Kirche neu erwachen" – Studien zur Geschichte des Christentums in Mittel- und Osteuropa*. Festgabe für Prof. Dr. Gabriel Adrinyi zum 65. Geburtstag. Colônia, 2000, p. 713-732.

WOLF, H. Katholische Kirchengeschichte im "langen" 19. Jahrhundert von 1789 bis 1918.; In: KAUFMANN, T.; KOTTJE, R.; MOELLER, B.; WOLF, H. (eds.). Ökumenische *Kirchengeschichte – Vol. 3: Von der Französischen Revolution bis 1989*. Darmstadt, 2007, p. 91-177.

WOLF, H. Sankt Martin I. In: MARKSCHIES. C.; WOLF, H. (eds.). *Erinnerungsorte des Christentums*. Munique, 2010, p. 668-678.

WOLF, H. "Wahr ist, was gelehrt wird" statt "Gelehrt wird, was wahr ist"? – Zur Erfindung des "ordentlichen" Lehramts. In: SCHMELLER, T.; EBNER, M.; HOPPE, R. (eds.). *Neutestamentliche Ämtermodelle im Kontext*. Friburgo i. Br./Basel/Viena, 2010, p. 236-259 [Quaestiones Disputatae, 239].

WOLF, H. *Die Nonnen von Sant'Ambrogio – Eine wahre Geschichte*. Munique, 2013.

WOLF, H. *Krypta – Unterdrückte Traditionen der Kirchengeschichte*. 2. ed. Munique, 2015.

WOLF, H. Katholische Aufklärung? In: BEUTEL, A.; NOOKE, M. (eds.). *Religion und Aufklärung – Akten des Ersten Internationalen Kongresses zur Erforschung der Aufklärungstheologie (Münster, 30. März bis 2. April 2014)* Tübingen 2016, p. 81-95 [Colloquia Historica et Theologica, 2].

ZULEHNER, P.M. *Aufruf zum Ungehorsam – Taten, nicht Worte reformieren die Kirche*. Ostfildern, 2012.

Índice onomástico

Adão 162
Agostinho, bispo de Hipona 162
Alexandre VI, papa 83
Alfrink, Bernard Jan 17
Anacleto II, papa 38
Angenendt, Arnold 56
Anselmo de Cantuária 110
Antônio, santo 73

Badegisel de Le Mans, bispo 43
Bafile, Corrado 152
Bea, Augustin 173, 175
Bento VIII, papa 85
Bento XVI, papa 124, 151-156
Bernhart, Joseph 214s.
Bersabeia 51
Bickell, Gustav 22s., 26
Blanchet, pároco de Cours 106s. 112
Böckenförde, Werner 218
Boelens, Martin 41
Brown, Peter 69

Caetano, Thomás 98
Campegio, Lorenzo 97
Carlos V, imperador 97
Carové, Friedrich Wilhelm 113
Catarina de Bora 91
Cattaneo, Arturo 155
Chadwick, Henry 70
Clemente VII, papa 98
Clemente de Alexandria 72
Coggan, Frederick Donald 177
Constien, Hartmut 151

Dalberg, Karl Theodor von 115
Dâmaso I, papa 60
Dassmann, Ernst 66
Denkinger, Johann 193
Denzler, Georg 79, 141
Diderot, Denis 107
Dillersberger, Joseph 163

Egenter, Richard 129
Erasmo de Rotterdã 91, 99
Eterović, Nikola 20

Eva 56, 162
Ferdinando I, imperador 100
Francisco, papa 9s., 20, 151, 182
Franzen, August 88
Franzmann, Otto 152
Funk, Franz Xaver 22s., 26

Gasparri, Pietro 159
Gerloff, Peter 151
Goethe, Rudolf 147s.
Görres, Ida Friederike 125, 128
Götz von Olenhusen, Irmtraud 190
Graciano 51
Gregório VII, papa 45,78
Gregório XIII, papa 100
Gregório XVI, papa 120
Gregório de Tours 43
Gremm, Martin 148
Greshake, Gisbert 204
Gröber, Conrad 163
Groer, Hans Hermann 194
Guilherme V de Jülich-Cleves-Berg 99, 105

Heid, Stefan 27s., 32s., 41
Heinrich, Johann Baptist 79
Henrique IV, imperador romano-germânico 45
Himerio de Tarragona 28
Hirscher, Johann Baptist

117-120
Humbert von Silva Candida 61
Hus, Jan 94

Inocêncio I, papa 27
Inocêncio II, papa 38

Jerônimo 34s.
Jesus de Nazaré 23, 24s., 30, 56, 68s., 81, 104, 126, 160
Joannis, Franz 193s.
João VIII, papa 138
João XXIII, papa 170s.
João Batista 70, 126, 133, 161
João Cassiano 73
João Crisóstomo 205
João Paulo II, papa 18, 130, 142, 151, 166, 176-179
Justiniano II, imperador 137

Kant, Immanuel 108
Kasper, Walter 129
Kaufmann, Franz Xaver 219
Keller, Johann Baptist von 117s.
Kempf, Wilhelm 152
Knöbel, Karl 191
Kofroň, Jan 153s.
Kräutler, Erwin 9s.
Kruip, Gerhard 223

Lampert von Hersfeld 47s.
Leuthner, Andreas 192
Lobinger, Fritz 10
Lüdecke, Norbert 185
Lutero, Martinho 91-95, 98, 164, 206, 224
Lutterbach, Hubertus 184

Magnatrude, esposa do bispo Badegisel 43
Marco Aurélio, imperador romano 69
Maria, Mãe de Deus 130, 190
Martinho I, papa 51
Martinho de Tours 74-77
Marx, Reinhard 19
Maximos IV Saigh 146
Meisner, Joachim 185
Melâncton, Filipe 91, 97
Mertes, Klaus 193
Möhler, Johann Adam 119
Moser, Georg 18
Moskopf, Peter 91
Müller, Gerhard Ludwig 151
Müntzer, Thomas 91

Napoleão Bonaparte, imperador 114, 158
Nicolau I., papa 43

Orígenes 72

Pacômio 73
Pallavicini, Lazzaro Opizio 216
Parolin, Pietro 19
Passaglia, Carlo 35
Paulo, apóstolo 28, 32s., 72 96, 99, 115, 161
Paulo VI, papa 15-18, 123, 126-132, 150s., 170, 173-177
Pedro, apóstolo 23, 34s.
Pelágio II, papa 51
Pepino, carolíngio 82
Petrà, Basilio 177
Petrus Damiani 48
Phillips, George 63s.
Pio IV, papa 100
Pio V, papa 101
Pio VI, papa 114, 216
Pio VII, papa 114
Pio IX, papa 120, 125
Pio X, papa 121
Pio XI, papa 65, 124
Pio XII, papa 65, 125, 149
Ploss, Robert 151
Polícrates de Éfeso 84
Price, Richard 39, 50, 53
Prosperi, Adriano 190
Puza, Richard 18

Qualbrink, Andrea 219

Rahner, Karl 129, 179
Ranke-Heinemann, Uta 131

Ratzinger, Joseph; cf.
   Bento XVI
Rezzonico, Carlo 217
Rousseau, Jean-Jacques
   107
Sceberas Testaferrata,
   Fabrizio 114
Schatz, Klaus 173
Schick, Ludwig 20
Sérgio I, papa 138
Sharko, Maria 134
Sharko, Stephan 134-137
Sieben, Hermann Josef 27,
   32
Sirício, papa 27s., 78
Sproll, Joannes Baptista
   193
Stickler, Alfons Maria 176
Stohr, Albert 147s.
Sulpício Severo 74s.

Thiel, Stefan 151
Timóteo 29, 72, 93
Tito 29s.
Troeltsch, Ernst 69

Urias 51

Vels, Gerhard 99
Vianney, João Batista
   Maria, pároco de Ars
   124-127
Vítor de Roma 84
Vorgrimler, Herbert 179

Weber, Max 90
Wessenberg, Ignaz
   Heinrich von 114
Wojtyła, Karol; cf. João
   Paulo II -
Wulf, Friedrich 170, 172

Zdarsa, Konrad 149

Conecte-se conosco:

facebook.com/editoravozes

@editoravozes

@editora_vozes

youtube.com/editoravozes

+55 24 2233-9033

www.vozes.com.br

Conheça nossas lojas:

www.livrariavozes.com.br

Belo Horizonte – Brasília – Campinas – Cuiabá – Curitiba
Fortaleza – Juiz de Fora – Petrópolis – Recife – São Paulo

  Vozes de Bolso

EDITORA VOZES LTDA.
Rua Frei Luís, 100 – Centro – Cep 25689-900 – Petrópolis, RJ
Tel.: (24) 2233-9000 – E-mail: vendas@vozes.com.br